NÄHEN

Neue Ideen für ein schönes Zuhause

Petra Puster (Hrsg.)

NÄHEN

Neue Ideen für ein schönes Zuhause

Tipps und Tricks aus dem **PFAFF**-Nähstudio

AUGUSTUS

Inhalt

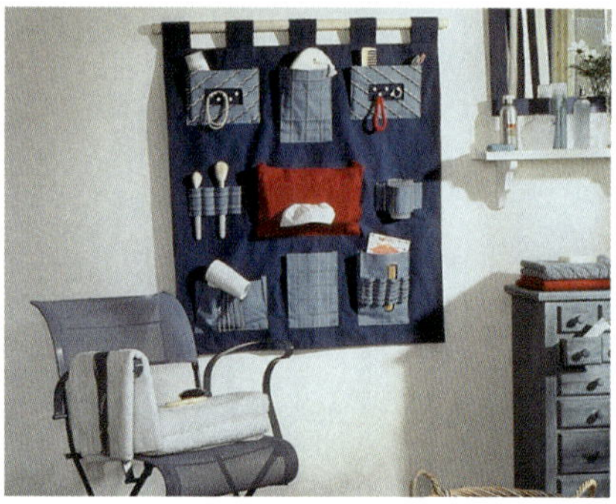

Die Deutsche Bibliothek – CIP-Einheitsaufnahme
Ein Titeldatensatz für diese Publikation ist bei Der Deutschen Bibliothek erhältlich.

Fotografie und Entwürfe: Pfaff GmbH
Umschlagkonzeption:
Kontrapunkt, Kopenhagen
Layout: Anton Walter, Gundelfingen
Herstellung und Umschlaglayout:
Charmaine Müller

Augustus Verlag München 2001

Reproduktion: GAV Prepress, Gerstetten
Druck und Bindung: Appl, Wemding

Gedruckt auf 115 g umweltfreundlich elementar chlorfrei gebleichtem Papier.

ISBN 3-8043-0886-4

Printed in Germany

Vorwort

Liebe Hobbynäherin,

freuen Sie sich auf ein Nähvergnügen der besonderen Art: Ein Buch für alle, die gerne Neues ausprobieren und wissen wollen, was ihre Nähmaschine eigentlich alles kann. Ein Buch randvoll mit Ideen und Anregungen und natürlich mit detaillierten Nähanleitungen – alles entworfen und angefertigt im Pfaff-Nähstudio, einem Haus mit Erfahrung und Kompetenz rund ums Thema Nähen.

Wählen Sie aus mehr als 30 Modellen Ihr Lieblingsthema aus und nähen Sie Tischdecken, Sets, Kissen, Hussen, kleine Geschenke und Accessoires. Mit raffinierten Details und neuen Verarbeitungstechniken schaffen Sie individuelle Stücke für Ihr Zuhause.

Das Pfaff-Nähstudio zeigt Ihnen, wie Sie plastische Applikationen herstellen und wie Sie mit den Zierstichen Ihrer Nähmaschine kleine Muster gekonnt aufsticken. Haben sie schon einmal Biesen abgenäht oder eine Litze aufgesteppt? Mit dem passenden Nähfuß und der richtigen Technik geht das im Handumdrehen. Mit dem Zirkellineal und der Lochstickplatte sticken Sie raffinierte Bordüren, und wenn Ihre Nähmaschine ein Alphabet hat, können Sie sogar kleine Sprüche, Namen und Monogramme herstellen.

Ein besonderes Highlight ist die Tischdecke zum Verwandeln: Genäht wird eine neutrale Basisdecke, und dazu gibt es drei verschiedene Saumbänder (Weihnachten, Ostern, Familienfeier), die mit Klettband einfach gewechselt werden.

Egal, ob Sie für sich selbst oder für Freunde oder Verwandte nähen – hier bekommen Sie eine Fülle von Ideen zum Nachmachen und Weitermachen.

Nähmaschinen

Um die Modelle dieses Buchs nähen zu können, sollte Ihre Nähmaschine möglichst viele Nutz- und Stretchstiche sticken können und über ein kleines Stickprogramm mit Stichen von 6 und 9 mm Breite verfügen.

Die modernen Nähmaschinen von Pfaff (z.B. ab **tiptronic 2020**) sind zusätzlich mit dem sogenannten IDT-System (**I**ntegrierter **D**ual **T**ransport) ausgestattet, das dafür sorgt, dass der Stoff gleichmäßig von unten und oben transportiert wird. Es verhindert ärgerliche Kräuseleffekte und ein Verrutschen des Stoffes und ist ideal für feine, moderne Materialien.

Die Modelle der **tiptronic line** haben einen automatischen Nadeleinfädler, ein Schnellwechsel-System für Nähfüßchen und Stichplatten (»Snap on-System«) und einen hohen Stoffdurchlass. Die Nähprogramme werden per Tastendruck direkt (oder durch numerische Eingabe) ausgewählt und in einem Display angezeigt. Für jedes Programm ist die optimale Einstellung bereits gespeichert, Stichlänge, -breite und -dichte können aber auch schrittweise verändert werden, um individuelle Bedürfnisse zufrieden zu stellen.

Perfekt nähen und vollflächig sticken kann man mit den Nähmaschinen der **creative fantasy** Reihe. Diese Nähmaschinen werden mit einem computergesteuerten Stickaggregat in Stickmaschinen verwandelt und verfügen über eine riesige Auswahl an Zier- und Nutzstichen, Knopflöchern und Alphabeten. Mit zusätzlichen Motivkarten zu verschiedenen Themenbereichen (z.B. »Früchte«, »Blumen«, »Tiere«) kann man das Stickrepertoire mit beliebig vielen Motiven erweitern.

Pfaff-Nähmaschinen im Überblick

	tiptronic 2010	tiptronic 2020	tiptronic 2030	tiptronic 2040	creative fantasy 7560	creative fantasy 7570
Nähprogramme	31	47	114	181	200	500
Nutzstiche	16	18	20	22	25	30
Knopfloch	1	2	3	4	5	10
Bilderstiche	4	10	19	24	20 Borten 5 Festonbögen 5 Dekomuster 10 Zierstiche 15 Blüten/Blätter	40 Borten 10 Festonbögen 20 Dekomuster 30 Zierstiche 20 Blüten/Blätter 25 Maxistiche
Satinstiche	6	12	14	20	s.o.	s.o.
Kreuzstiche	1	1	1	2	5	20
Quiltstiche	2	2	2	2	2	2
Hohlsaumprogramme	1	2	3	3	5	10
Overlockstiche					5	10
Aphabete			1	2	2	5
Öse				●	●	●
Fliege/Riegel						●
Speicher			3	6	16	32
IDT-System		●	●	●	●	●
Knopflochsensormatic			●	●	●	●
Stopfprogramme				1	1	2

Erklärung der Symbole

Sie finden in diesem Buch zwei verschiedene Symbole mit folgenden Bedeutungen:

Wenn Sie dieses Zeichen sehen, dann können Sie das komplette Thema sowie die Ziereffekte mit jeder beliebigen Nähmaschine, die über Zierstiche verfügt, nähen.

Bei diesem Symbol kommt speziell bei den Ziereffekten die Stickmaschine »creative fantasy« zum Einsatz.

Zubehör von A bis Z

Applikationsfuß

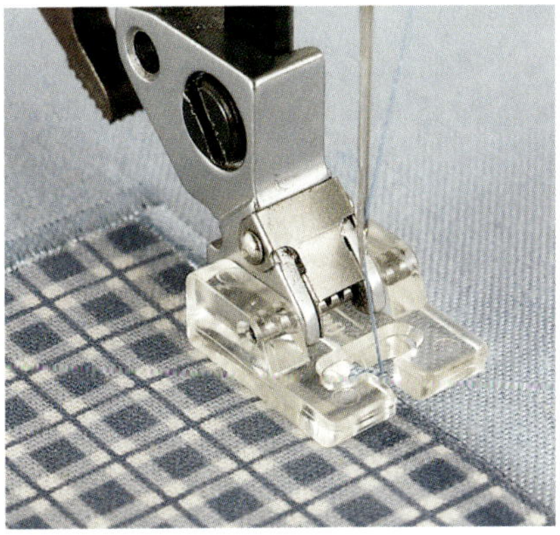

Dieser Nähfuß wurde speziell zum Applizieren entwickelt. Er wird zusammen mit einem sehr dichten Zickzackstich (Länge 0,4 mm/Breite 2,5 mm) verwendet.

Offener Applikationsfuß

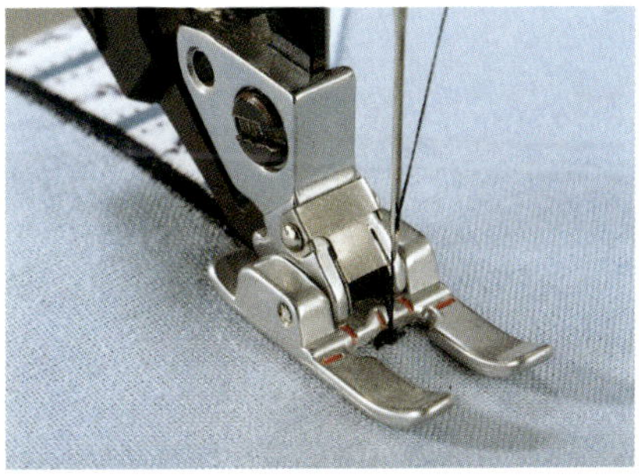

Dieses Füßchen wird ebenfalls zum Applizieren verwendet, aber in Verbindung mit dem IDT-System.

Biesen-/Zierstichfuß

Mit diesem Füßchen nähen Sie Biesen oder Zierstiche im Abstand von 6 mm oder 9 mm.

»creative fantasy« big

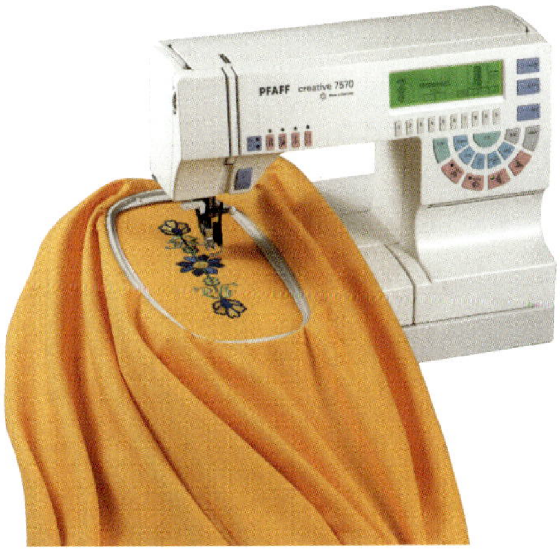

Dieser Spezialstickrahmen hat ein extra großes Stickfeld (225 x 90 mm). Das bedeutet, dass Sie beim Sticken von Buchstabenfolgen und großen Bordüren den Stoff nicht immer neu einspannen müssen. Passend zu diesem Stickrahmen sind zwei »creative fantasy«-Karten (48 und 49) mit besonders großen Stickbordüren erhältlich.

»creative fantasy«-Motivkarten

Diese kleinen Datenträger, die in das Stickaggregat der »creative fantasy« eingeschoben werden, enthalten Stickmotive zu bestimmten Themengebieten. Eine Karte mit gemischten Motiven und einem Alphabet liegt als Standardausstattung der Maschine bei. Weitere 45 Karten sind im Handel erhältlich.

Fransenfuß

Spezialfuß zum Nähen von Fransen und für Schlingenstickerei. Arbeiten Sie die ausgefüllten Flächen kreisförmig von außen nach innen. Dabei liegt der genähte Flor links, und Sie nähen mit knappem Abstand daneben.

IDT-System

Das kennt jede Hobbyschneiderin: Je länger die Naht, desto größer die Nahtverschiebung. Je dünner der Stoff, desto öfter kommt es zur unbeliebten Kräuselung. Um dem entgegenzuwirken, wurde bei Pfaff vor 30 Jahren ein Teil entwickelt und patentiert: Der Integrierte Dual Transport. Das Prinzip besteht darin, dass der Stoff nicht nur von unten, sondern gleichzeitig auch von oben transportiert wird.

Kordonierfuß

Er ermöglicht das Nähen von plastischen Raupennähten mit Führungsrillen für Einlauffaden und Kordeln.

Litzenfuß

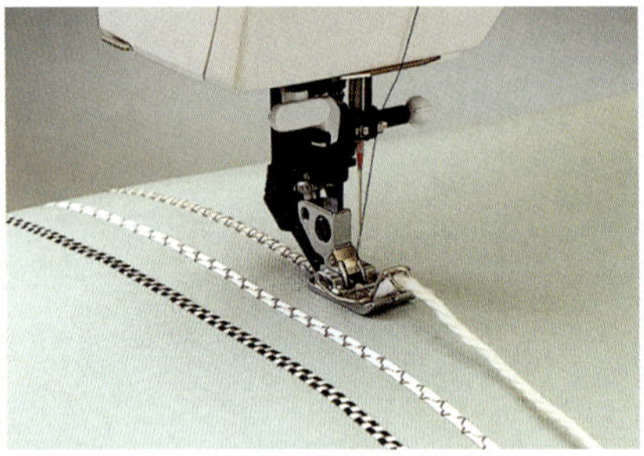

Kordeln und Litzen können mit diesem Sonderzubehör einfach aufgenäht werden. Das Band wird von vorn durch die Öse eingefädelt und durch das vordere Loch nach hinten unter den Nähfuß geführt. Übernäht wird das Ganze mit dem Elastik-Zickzackstich.

Lochstickplatte und Stickrahmen für Lochstickplatte

Dieses Zubehör stickt Zierstiche im Kreis. Je nach Nutz- oder Zierstich entstehen die unterschiedlichsten Motive. Am besten eignen sich sehr dichte Zierstiche. Probieren Sie zu Beginn auf Stoffresten unterschiedliche Stiche aus.

1. Transporteur Ihrer Nähmaschine versenken, Lochstickplatte auf die

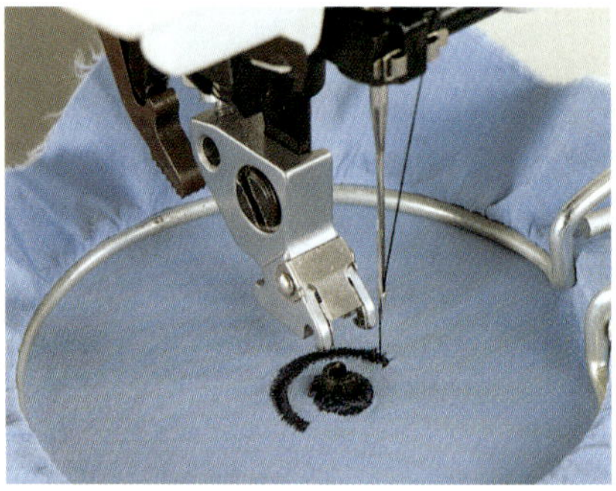

Stichplatte aufsetzen. Dabei muss die hintere Nocke in den mittleren Ausschnitt der Stichplatte gesteckt werden. Danach das Plättchen vorne nach unten drücken.
2. Spannen Sie den Stoff straff in einen Stickrahmen ein. Nähfuß entfernen.
3. Wo immer Sie eine kleine Lochstickerei haben möchten, schneiden Sie mit einer kleinen Schere ein bis zwei Fäden im Stoff ein und drücken ihn über den Dorn der Lochstickplatte. Dabei muss der Stoff den Dorn eng umschließen.
4. Nähfußheber in Stopfstellung bringen. Unterfaden nach hinten ziehen und während der ersten Stiche festhalten.
5. Nähprogramm anwählen und den Einschnitt sorgfältig und gleichmäßig umsticken. Dabei drehen Sie den Stoff langsam im Uhrzeigersinn.

Schmalkantenfuß

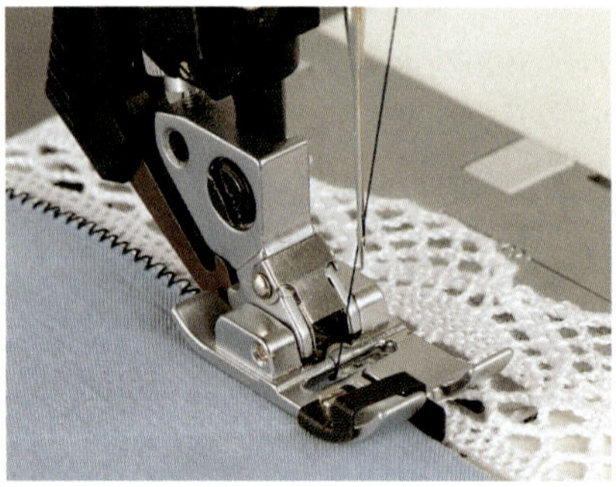

Der Fuß erleichtert das schmalkantige Absteppen und das Zusammennähen von aneinander stoßenden Stoffteilen. Er eignet sich auch sehr gut, um eine Spitze an einen Stoff zu nähen.

Wingnadel

Diese Spezialnadel wird für Hohlsaumarbeiten benötigt.

Zirkellineal

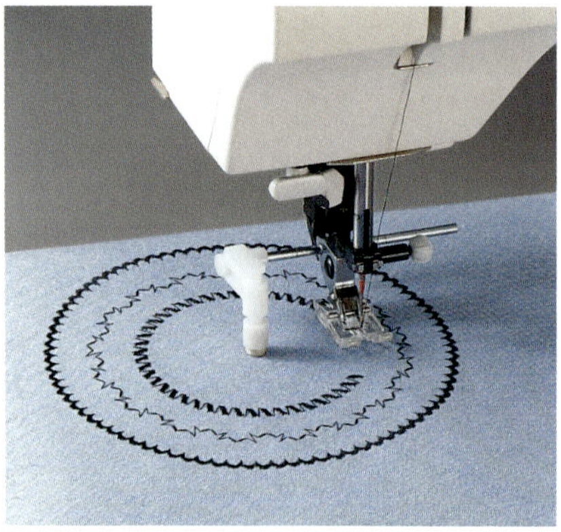

Das Zirkellineal ist ein Nähzubehör, mit dem Sie – mit jeder Nähmaschine – exakte Kreise sticken können. Sie wählen einen Zierstich aus, bestimmen den Radius, das Zirkellineal führt den Stoff automatisch im Kreis herum.
1. Markieren Sie sich zunächst einen Kreismittelpunkt auf der rechten Seite des Stoffes (z.B. mit Sublimierkreide oder einem selbstlöschenden Textilstift).
2. Führen Sie das Zirkellineal von links in die Bohrung des Nähfußhalters, und bestimmen Sie den gewünschten Radius. Einfach in die entsprechende Rille einrasten.
3. Drehen Sie die Schraube des Nähfußhalters fest zu.
4. Legen Sie den Stoff so unter das Zirkellineal, dass der Mittelpunkt genau unter dem Anpresspunkt liegt.
5. Verwenden Sie dichtgewebtes Material wie Viskose, Baumwolle oder Leinenmischgewebe, dann kann sich

beim Sticken nichts verziehen, und legen Sie immer Stickvlies unter.
6. Mit unterschiedlichen Farben können Sie tolle Effekte erzielen. Und variieren Sie im Radius! Die Rillen im Zirkellineal geben die möglichen Abstände vor.

Zwillingsnadel 2,5/80 und Drillingsnadel 2,5/80

Hier nähen bzw. sticken zwei oder drei Nadeln im Abstand von 2,5 mm.

Material

Avalon

Diese durchsichtige Folie wird zur Stabilisierung von dünnen, dehnbaren und elastischen Stoffen, sowie für Spitzen, Maschen- und Schlingenware benutzt. Der Stoff wird vor dem Sticken unter oder zwischen zwei Folienlagen gelegt. Das Gewebe kann sich dadurch nicht mehr verziehen. Avalon eignet sich besonders für Knopflöcher, Ecken, zum Quilten und Patchworken. Und nach dem Nähen wird Avalon einfach ausgewaschen, denn es ist wasserlöslich.

Bobbinfil

Der reißfeste Unterfaden aus Polyester wurde speziell für die Maschinenstickerei entwickelt. Er ist in Schwarz und Weiß erhältlich und ist kochfest. Er eignet sich auch zum befestigen von Bändern und Perlen.

Bobbins

Fertig vorgespulter, gepresster Faden in Schwarz oder Weiß, zum direkten Einlegen in die Spulenkapsel. Durch seine Beschaffenheit ist er sehr ergiebig. Er ist kochfest und farbecht.

Filmoplast

Eine klebende Verstärkung, die ein verzugsfreies Sticken ermöglicht. Sie besteht aus einer Lage Papier und einem dünnen Haftvlies. Das Vlies kann zum Unterlegen aller Materialien verwendet werden. Es eignet sich hervorragend für sehr dicke und feste Materialien (auch Leder), die nicht in den Stickrahmen eingespannt werden können. Auch Teile, die kleiner sind als der Stickrahmen, lassen sich mit Hilfe von Filmoplast besticken.

Kopierpapier

Geeignet zum Übertragen von Schnittmarkierungen und Konturen für Applikationen oder Stickereien. Das Papier wird mit der beschichteten Seite auf oder unter den Stoff gelegt und die Linien mit dem Kopierrädchen nachgefahren.

Kreideminenstift

Es gibt einen Halter mit 12 verschiedenfarbigen Kreisminen zum Markieren von Knopflöchern, Tascheneingriffen etc., für jeden Stoff die passende Farbe. Er wird gehandhabt wie ein Bleistift, die Minen lassen sich leicht austauschen.

Puffy-Material

Ein 3 mm dicker Reliefschaum mit moosgummiähnlichem Charakter. Es wird beim Sticken unterlegt und verleiht so der Stickerei ein reliefartiges Aussehen.

Selbstlöschender Textilstift

Markierungen können mit diesem Stift auf die rechte Stoffseite gezeichnet werden. Die Linien verschwinden nach 2–3 Tagen von selbst. Es empfiehlt sich, immer erst eine Probe auf dem jeweiligen Stoff zu machen.

Stickvlies

Eine nicht klebende Vliesware, die den zu bestickenden Stoff stabilisiert und gewährleistet, dass er faltenfrei bleibt. Stickvlies lässt sich durch einfaches Abreißen schnell entfernen.

Sublimierkreide

Eine Schneiderkreise, mit der Sie Markierungen auf die rechte Stoffseite zeichnen können. Durch leichtes Bügeln verschwindet die Kreide.

Vliesofix

Eine hauchdünne, beidseitig klebende Verbundware. Sie wird verwendet, um zwei Stofflagen dauerhaft miteinander zu verbinden. Bügeln Sie das Vlies auf den zu applizierenden Stoff auf, ziehen Sie dann die Papierschicht ab und bügeln Sie die Applikation auf den Oberstoff.

Volumenvlies

Erhältlich in verschiedenen Stärken zum Aufbügeln, Unterlegen und Einlegen. Es wird besonders bei Quilt- und Applikationsarbeiten eingesetzt.

Edle Samtkissen

Die Kombination von leuchtendem Samt mit Metallgarn wirkt einfach superedel. Schon mit einem ganz einfachen Zierstich können Sie wirkungsvolle Effekte erzielen. Auf die Anordnung kommt es an und auf die Quasten – ein Muss bei solchen Kissen.

Samtkissen mit Seideneinsatz und Quasten

Fertiges Maß 60 cm x 60 cm

Material

- 0,80 m Samt in Rot, 1,40 m breit
- 0,50 m Seide in Rot, 0,90 m breit
- 0,40 m x 0,40 m Vlieseline H 200
- 1 Reißverschluss, 45 cm lang
- 5 m Kordel
- Nadel 130 N
- Maschinenstickgarn Goldmetallic
- Passendes Nähgarn
- Stickvlies
- Rest Füllwatte für die Quasten

Zuschneiden

Vorderes Kissenteil

Samt	1 x	64 cm x 64 cm (inkl. 2 cm Nahtzugabe)

Rückwärtiges Kissenteil

Samt	2 x	64 cm x 34 cm (inkl. 2 cm Nahtzugabe)

Kreiseinsatz

Seide	2 x	40 cm x 40 cm (inkl. 2 cm Nahtzugabe)

Sticken

1. Unterlegen Sie ein Seidenquadrat mit 2 Lagen Stickvlies und zeichnen Sie mit Sublimierkreide auf die rechte Seite die Linien für die Stickerei. Richten Sie sich dabei nach der Skizze rechts.
2. Sticken Sie nun mit einem Zierstich Ihrer Wahl – oder wie in unserem Beispiel Stich Nr. 66 der »creative fantasy« – über die Linien.
3. Stickvlies entfernen.

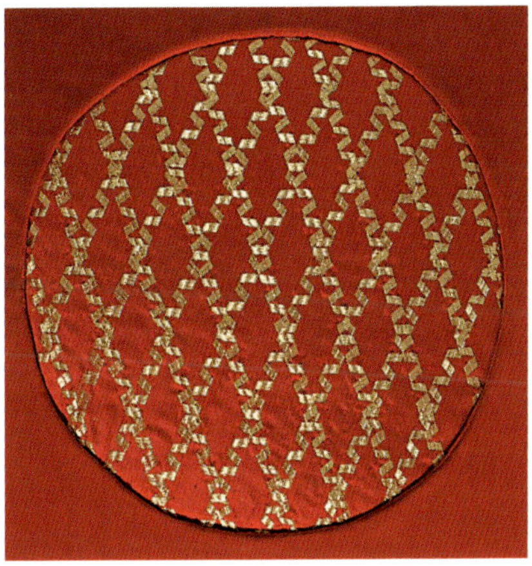

Fertig stellen

1. Bügeln Sie Vlies auf das bestickte Seidenquadrat.
2. Zeichnen Sie einen Kreis von Ø 26 cm mittig auf die Vliesseite des Seidenquadrats.
3. Heften Sie das Seidenquadrat mittig rechts auf rechts auf das vordere Kissenteil.
4. Steppen Sie entlang des vorgezeichneten Kreises.
5. Den inneren Kreis bis auf 1,5 cm Nahtzugabe herausschneiden. Die Nahtzugabe quer zum Nahtverlauf einschneiden, damit sich die Rundung besser legt (ca. alle 2 cm). Die Naht vorsichtig auseinander bügeln.
6. Seide nach innen wenden.
7. Nun unterlegen Sie die entstandene Öffnung mit der bestickten Seide und heften die Schnittkanten aufeinander.
8. Beide Seidenteile über die Nahtzugabe zusammensteppen. Nähen Sie dabei möglichst dicht an der gesteppten Kreisnaht!
9. Legen Sie die beiden rückwärtigen Kissenteile rechts auf rechts, und schließen Sie den Anfang und das Ende je 9,5 cm. Nahtzugabe versäubern und auseinander bügeln. (Siehe Tipp Kissen mit Ornamenten S. 13)
10. Teile auseinanderlegen, Reißverschluss unter die entstandene Öffnung legen und einnähen. Reißverschluss etwas öffnen.
11. Kissenteile rechts auf rechts legen und ringsum zusammensteppen. Nahtzugaben versäubern.
12. Kissenbezug durch den Reißverschluss wenden, Ecken herausdrücken und vorsichtig bedampfen.
13. Nun steppen Sie die Kanten von rechts 2 cm breit ab. Nehmen Sie das Führungslineal Ihrer Nähmaschine zu Hilfe!

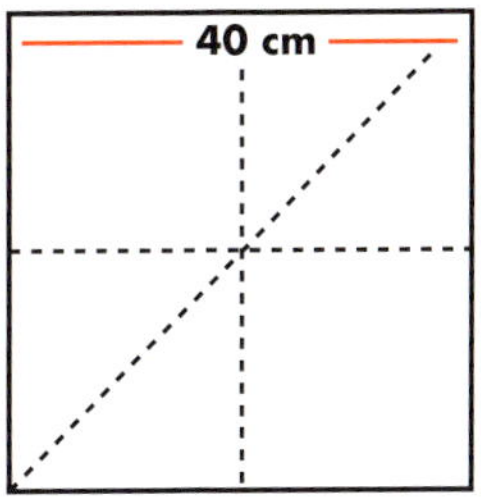

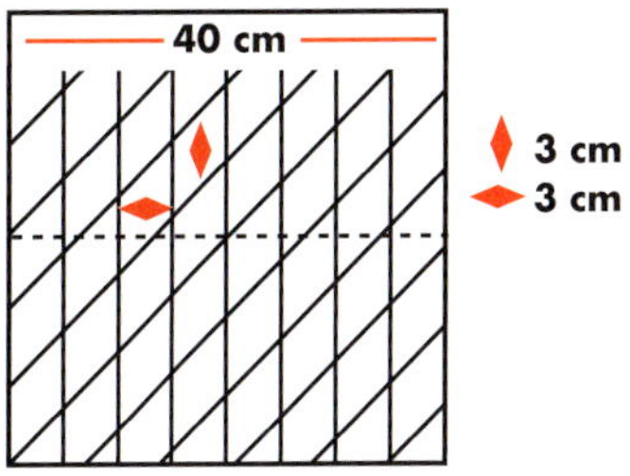

Randverzierung und Erstellen der Quasten

1. Aus den Stoffresten stellen Sie die Quasten her. Schneiden Sie 4 Streifen 19 cm lang, 10,5 cm breit und 4 Streifen 16 cm lang, 9,5 cm breit zu. Schließen Sie jeden Stoffstreifen an der Schmalseite zum Schlauch.
2. Mit einem festen Zwirn 2 cm oberhalb und 2 cm unterhalb der Kante eine Heftnaht zum Zusammenziehen des Samtes erstellen.
3. Mit Füllwatte ausstopfen.
4. Nähen Sie die Kordel von Hand ringsum an der äußeren Kissenkante fest. An jeder Ecke lassen Sie eine Schlinge von 66 cm Kordellänge stehen (33 cm doppelt). An der ersten Ecke ca. 40 cm Kordel stehen lassen, dann verschwindet der zusammengenähte Kordelansatz später in der Quaste.
5. Erst den kleinen, dann den großen Schlauch über die Kordel ziehen. Beim Zusammenziehen des Zwirns die Nahtzugabe nach innen stülpen und das Zwirnende fest verknoten. Die Kordelschlaufen mit einem Knoten fixieren.

Samtkissen mit großen Ornamenten

Fertiges Maß
60 cm x 60 cm

Material

- 0,80 cm Samt in Orange, 1,40 cm breit
- 1 Reißverschluss, 45 cm lang
- Sticknadel 130 N
- Maschinenstickgarn Goldmetallic
- Passendes Nähgarn
- 4 m Soutache (schmale, geflochtene Schnur) in Gold
- Filmoplast
- Litzenfuß
- »creative fantasy«-Karte 23, Motiv 18

Zuschneiden

Vorderes Kissenteil

Samt	1 x	64 cm x 64 cm (inkl. 2 cm Nahtzugabe)

Rückwärtiges Kissenteil

Samt	2 x	64 cm x 34 cm (inkl. 2 cm Nahtzugabe)

Sticken

1. Zum Aufnähen der Soutache erstellen Sie sich Schablonen nach der Schemazeichnung.

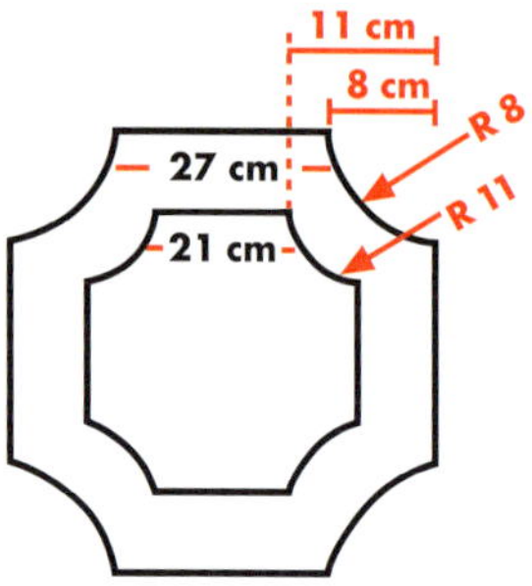

2. Zeichnen Sie die Umrisse mit Sublimierkreide auf das vordere Kissenteil.
3. Beim Aufnähen der Soutache kommt der Litzenfuß zum Einsatz: Das Band wird von vorn durch die Öse eingefädelt und durch das vordere Loch nach hinten unter den Litzenfuß geführt. Übernäht wird das Ganze mit einem kleinen Geradstich und mit Goldgarn. Anfang und Ende des Bandes mit dichtem Zickzackstich fixieren (2,0 mm Breite, 0,35 mm Länge).
4. Markieren Sie nun in den vier Ecken die Mittelpunkte für die Stickerei. Beim Besticken von Samt verfahren Sie generell so, dass Sie Filmoplast in den Stickrahmen spannen, das Papier abziehen und den Samt einfach aufkleben. Nach dem Besticken Filmoplast wieder entfernen.

5. Sticken Sie die 4 Schmuckmotive ab. Arbeiten Sie auch mit der Musterumkehrtaste, so können Sie in gleicher Einspannrichtung das Muster gespiegelt sticken!

Fertig stellen

1. Legen Sie die beiden rückwärtigen Kissenteile rechts auf rechts, und schließen Sie am Anfang und am Ende je 9,5 cm. Nahtzugabe versäubern und auseinander bügeln.
2. Teile auseinanderlegen, Reißverschluss unter die entstandene Öffnung legen und einnähen. Reißverschluss etwas öffnen!
3. Kissenteile rechts auf rechts legen und ringsum zusammensteppen. Nahtzugaben versäubern.
4. Kissenbezug durch den Reißverschluss wenden, Ecken herausdrücken und vorsichtig bedampfen.
5. Nun steppen Sie die Kanten von rechts 2 cm breit ab. Nehmen Sie das Führungslineal Ihrer Nähmaschine zu Hilfe!

Tipp

Um den Reißverschluss exakt einnähen zu können, empfiehlt es sich, die beiden rückwärtigen Teile ganz zusammenzunähen (d.h. die 45 cm für den Reißverschluss mit einer Stichlänge von 5 mm). Dann auseinander bügeln und die 45 cm Naht wieder auftrennen! So haben Sie die exakten Umbruchkanten für den Reißverschluss.

Kissen mit Filzblumen

Je leuchtender die Farben, desto mehr kommen die Blumen aus Filz zur Geltung. Mit der Zackenschere bringen Sie Blüten und Blätter in Form.

Fertiges Maß 50 cm x 50 cm

Material

- 60 cm dünner Wollstoff in Brombeer, 1,40 m breit
- 25 cm x 100 cm Filz in Gelbgrün
- 20 cm x 20 cm Filz in Türkis
- Rest Filz in Hellgelb
- 20 cm x 40 cm Baumwollstoff in Schwarz
- 7 bezogene Knöpfe, Ø 4,5 cm
- Passendes Nähgarn
- Zackenschere
- Zirkel
- Maschinenstickgarn, Stärke 40, in Senf und Türkis
- Sublimierkreide

Kissen-Design aus dem Copy-Shop

Mit einem kontrastreichen Schwarz-Weiß-Foto zaubern Sie Ihr individuelles Kissen. Einfach im Copy-Shop das Motiv auf den Stoff kopieren lassen. Mit Biesen und Ziernähten umranden Sie anschließend das kleine Kunstwerk.

Fertiges Maß
50 cm x 50 cm

Material

- 0,60 m Leinen in Creme, 1,40 m breit
- 0,25 m x 0,55 m Baumwollstoff, schwarz/creme gestreift
- Passendes Nähgarn
- 1 Foto Ihrer Wahl
- Biesenfüßchen und Biesenzunge
- Zwillingsnadel 2,0
- Sublimierkreide

Zuschneiden

Stoffstück für die Fotokopie
32 cm x 32 cm

Tipp

Viele Fachgeschäfte für Schneider-Zubehör bieten an, Knöpfe professionell mit Ihrem Wunschstoff zu beziehen. Fragen Sie vor Ort nach.

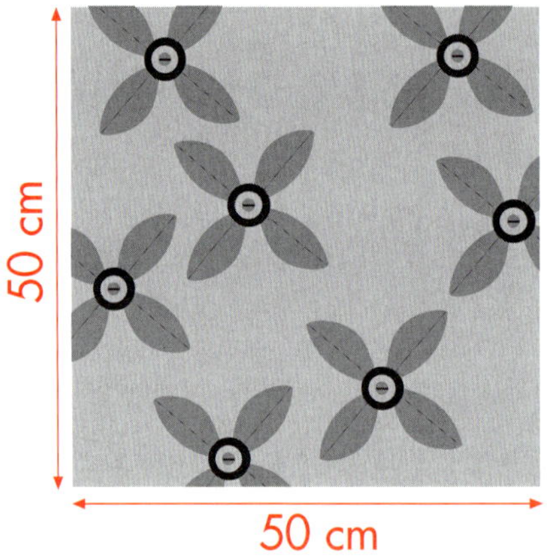

Zuschneiden

Kissen

Vorderteil		
	1 x	52 cm x 52 cm (inkl. 1 cm Nahtzugabe)
Rückwärtiges Teil		
	2 x	34 cm x 52 cm (inkl. 1 cm Nahtzugabe)
Blüten		
Schwarz	7 x	Kreis Ø 9 cm
Hellgelb	7 x	Halbkreis Ø 3 cm
Brombeer	7 x	Halbkreis Ø 3 cm
Türkis	7 x	Ring Ø 3,5 cm außen, Ø 1,5 cm innen
Gelbgrün	28 x	ovale Blattformen

Die Außenkanten der türkisfarbenen Kreise und der Blätter mit der Zackenschere schneiden.

Blüten herstellen

1. Legen Sie die einzelnen, inneren Blütenteile der Reihe nach aufeinander: Für den Untergrund Kreis in Schwarz, dann Halbkreis in Brombeer und Halbkreis in Hellgelb und schließlich Ring in Türkis.
2. Steppen Sie mit einem kleinen Geradstich den inneren türkisfarbenen Rand ab und verbinden Sie somit die Stofflagen.
3. Lassen Sie die Knöpfe beziehen (s. Tipp).
4. Markieren Sie mit Sublimierkreide die Positionen der Blüten auf dem vorderen Kissenteil (s. Skizze).
5. Im rechten Winkel zu diesen Punkten nähen Sie die Blätter auf.
6. Abschließend die Blütenknöpfe in die Mitte setzen.

Fertig stellen

1. An den rückwärtigen Teilen bügeln Sie je eine Längskante 1 cm und nochmals 2 cm um und steppen den Umschlag fest.
2. Die Kanten 5 cm überlappend aufeinander legen und von der Seitenkante aus je 12 cm rechteckig absteppen.
3. Vorderes und rückwärtiges Kissenteil verstürzen. Nahtzugaben versäubern und in den Ecken zurückschneiden.
4. Kissenbezug wenden, die Ecken herausdrücken und die Kanten bügeln.

Vorderteil	1 x	52 cm x 52 cm
Rückwärtiges Teil	2 x	34 cm x 52 cm
Randstreifen	4 x	52 cm x 5 cm

Die Maße beinhalten 1 cm Nahtzugabe.

Ausarbeiten

1. Foto auf das kleine Leinenquadrat aufdrucken lassen. Fragen Sie nach einem Textil-Copy-Shop in Ihrer Stadt oder schauen Sie in die Gelben Seiten.
2. Die Nahtzugaben ringsum einschlagen und mittig auf das Vorderteil steppen.

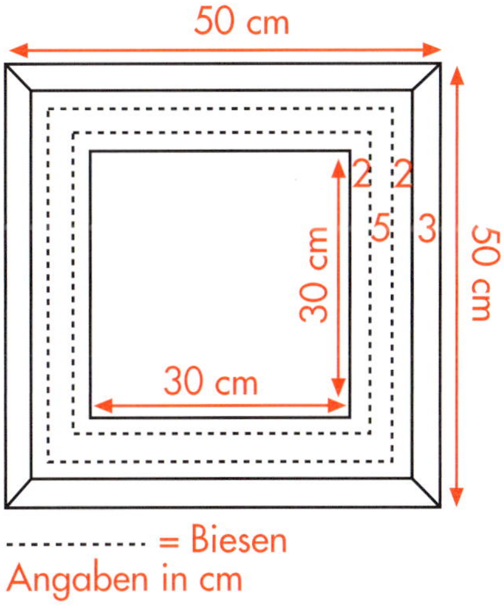

3. Verwenden Sie dafür einen dekorativen Zierstich Ihrer Nähmaschine.

Wir haben aus dem Programm der Pfaff »creative fantasy« den Stich Nr.106, Länge 6 mm/ Breite 6 mm benutzt.
4. Zeichnen Sie nun mit der Sublimierkreide rings um das Foto die Linien für die Biesen auf. Die Biesenabstände entnehmen Sie der Skizze.
5. Biesenfuß und Biesenzunge sowie die Zwillingsnadel einsetzen.
6. Die Oberfadenspannung können Sie etwas erhöhen, damit die Biesen schön plastisch erscheinen.
7. Steppen Sie nun über die aufgezeichnete Linie bis zur Ecke – Nadel hochstellen – den Stoff vorsichtig drehen und direkt an der Ecke weiternähen.
8. Biesen ringsum arbeiten – Fäden auf die Rückseite ziehen und vernähen.

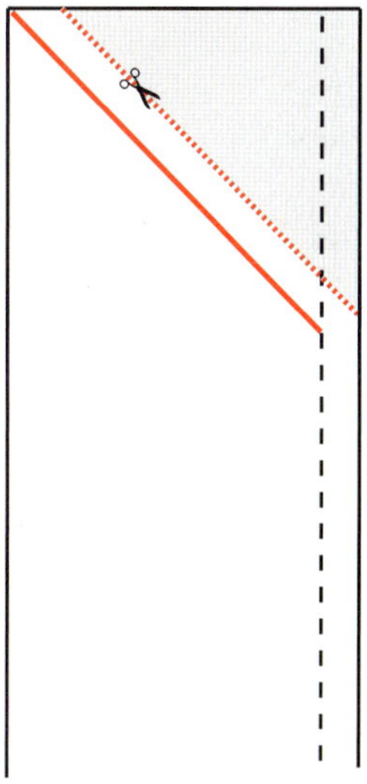

9. Legen Sie jeweils zwei der Randstreifen rechts auf rechts und nähen Sie die schmalen Kanten im 45° Winkel zusammen. An der inneren Ecke lassen Sie 1 cm Nahtzugabe offen!

10. In der gleichen Weise setzen Sie alle vier Streifen aneinander – es entsteht ein Rahmen.
11. Nähte auseinander bügeln und die überstehenden Ecken zurückschneiden.
12. Bügeln Sie am inneren Rand des Rahmens die Nahtzugabe 1 cm um und heften Sie ihn von rechts auf die Kante des Vorderteiles (Außenmaß sollte 52 cm x 52 cm ergeben). Schmalkantig aufsteppen.
13. An den rückwärtigen Teilen bügeln Sie je eine Längskante 1 cm und nochmals 2 cm um und steppen den Umschlag fest.
14. Die Kanten 5 cm überlappend aufeinander legen und von der Seitenkante aus je 12 cm rechteckig absteppen.
15. Vorderes und rückwärtiges Kissenteil verstürzen. Nahtzugaben versäubern und an den Ecken zurückschneiden.
16. Kissenbezug wenden, die Ecken herausdrücken und die Kanten bügeln.

Stuhlhusse mit Vogelapplikation

Wie wäre es mit einer Husse in Apfelgrün? Das Vogelmotiv wird im Handumdrehen appliziert und die Husse mit Klettband fixiert.

Fertiges Maß
44 cm x 36 cm x 97 cm

Material

- 2,00 m fester Baumwollstoff in Grün, 1,50 m breit (die Menge richtet sich nach Ihrem Stuhl)
- 60 cm Klettband, 2 cm breit

Für die Applikation

- 40 cm x 40 cm Baumwollstoff in Türkis
- 10 cm x 40 cm Baumwollstoff in Gelb
- Reststück in Schwarz
- Passendes Nähgarn in Grün
- Maschinenstickgarn, Stärke 40, in Gelb, Türkis und Schwarz
- Vliesofix
- Applikationsfüßchen
- Kreideminenstift
- Vorlage s. Seite 75

Papierschnitt

1. Stellen Sie einen Papierschnitt mit den Maßen Ihres Stuhles her. Orientieren Sie sich an der Skizze.
a) Schnittteil für Lehne, Sitzfläche und Beine
b) Schnittteil für die Seiten
c) Schnittteil für die Lehne und die Beine (Rückseite)

Stuhlmaße ermitteln:

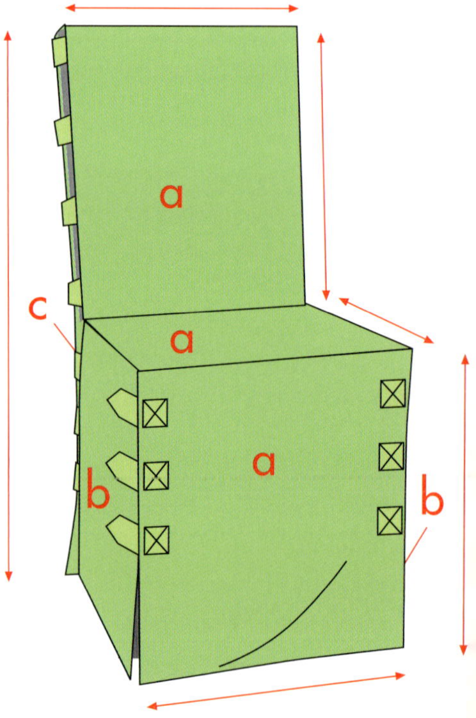

d) Schnittteil für die Riegel s. unten

Zuschneiden

1. Schneiden Sie aus dem grünen Baumwollstoff folgende Teile zu:

Teil a) 1x, Teil b) 2x, Teil c) 1x und Teil d) 40 x.

2. Applikationsmotive mit dem Kreideminenstift auf den entsprechenden Stoff übertragen. Vliesofix unterbügeln und dann erst ausschneiden. Für alle folgenden Arbeiten gilt: Papier vor dem Aufbügeln abziehen!

3. Nahtzugaben: Teile a), b) und c) ringsum 2 cm, Teil d) ringsum 1 cm.

Applizieren

Motivteile entsprechend der Vorlage auf das vordere Lehnenteil bügeln und applizieren. Verwenden Sie dafür den Applikationsfuß und einen sehr dichten Zickzackstich. (Länge 0,3 mm, die Breite richtet sich nach der Größe des aufzunähenden Teiles.)

Nähen

1. Nähen Sie die Seitenteile b) an die Sitzfläche der vorderen Bahn. Dabei die seitliche Nahtzugabe nicht festnähen. Naht versäubern.
2. Nun das rückwärtige Teil c) an der oberen Kante des Vorderteiles a) annähen. Naht versäubern.
3. Alle Nahtzugaben ringsum doppelt einschlagen und fest steppen.
4. Verstürzen Sie je zwei Riegel miteinander, dabei die kurze Gerade zum Wenden offen lassen. Nahtzugabe zurückschneiden, Riegel wenden, die noch offene Kante versäubern und ringsum schmalkantig absteppen.
5. Klettband in 2 cm große Stücke teilen.
6. Steppen Sie eine Hälfte des Klettbandes unter die Riegelspitze.
7. Die Riegel an den entsprechenden Stellen der Husse unterlegen und von rechts festnähen.
8. Das Gegenstück Klettband an entsprechender Stelle aufnähen.

Kuscheldecke mit Kissen

Die flauschige Decke macht Lust auf lange, gemütliche Winterabende. Die großen Sternmotive sind aus lauter kleinen Zierstichelementen zusammengesetzt. Wer will, kann auch ein gekauftes Stück damit verschönern.

Fertige Maße
Decke 1,30 m x 1,60 m
Kissen 0,55 m x 0,55 m

Material

- 2,20 m Deckenstoff, z. B. Plüsch oder Wollflausch in Orange, 1,40 m breit
- 0,65 m Deckenstoff in Weiß
- Passendes Nähgarn
- Maschinenstickgarn, Stärke 30, in Weiß und Orange
- Stickvlies
- Avalon
- Folienstift
- Vliesofix
- 10 cm Klettband, 2 cm breit
- Bobbinfil
- Vorlagen s. Seite 73

Zuschneiden

Orange
1 x 1,38 m x 1,68 m
(inkl. 4 cm Nahtzugabe)
6 x 25 cm x 25 cm
6 x 20 cm x 20 cm
Weiß
1 x Vorderteil
58 cm x 58 cm
(inkl. 1,5 cm Nahtzugabe)
2 x Rückwärtiges Teil
58 cm x 32 cm
(inkl. 1,5 cm Nahtzugabe)

Sticken

Die Nähmaschinen aus der Pfaff creative-Baureihe haben einen sogenannten »Memory-Speicher«, in den man Stickmusterfolgen abspeichern kann. Geben Sie folgende Stiche in die Speicher M1–M11 ein.

	Stich	Länge / Breite
M 1	62	-30/9-25/9-20/7-18/6-18/4
M 2	65	-30/9-25/9-20/7-18/6-18/4
M 3	64	-40/4
M 4	64	-25/9-20/7-18/6-18/4
M 5	65	-25/9-20/7-18/6-18/4
M 6	64	-35/4
M 7	62	-3x12/9-3x10/7-3x8/6-2x6/4
M 8	64	-25/9-20/7-18/6-18/6-18/4
M 9	62	-12/9-10/7-8/6-6/4
M 6	64	-35/4
M 10	62	-2x12/9-2x10/7-2x8/6-3x6/4
M 11	64	-20/7-2x18/6-18/4
M 6	64	-35/4

1. Übertragen Sie mit dem Folienstift die Kristalle von Seite 73 auf das Avalon:
4 x Kristall 1 auf 25 x 25 cm
4 x Kristall 2 auf 20 x 20 cm
3 x Kristall 3 auf 25 x 25 cm
3 x Kristall 4 auf 20 x 20 cm
2. Verwenden Sie zum Sticken das Maschinenstickgarn als Oberfaden und als Unterfaden Bobbinfil.
3. Unterlegen Sie Stickvlies, und stecken Sie auf die Oberseite das Avalon mit dem entsprechenden Motiv auf.
4. Die Kissenmotive sticken Sie direkt auf das Vorderteil, die Kristalle für die Decke auf die entsprechend zugeschnittenen orangefarbenen Stoffquadrate.

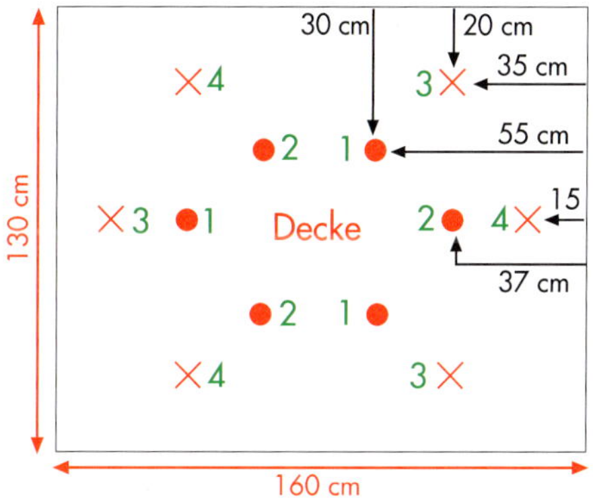

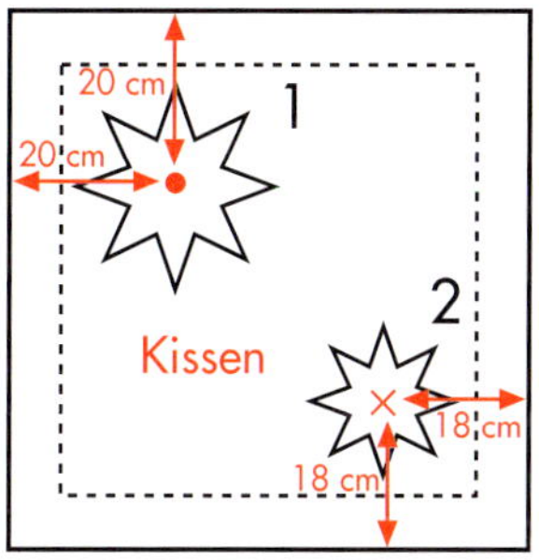

5. Die Positionen der Kristalle entnehmen Sie den Skizzen oben.
6. Sticken Sie nun die Motive mit Hilfe der M-Speicher ab. Stickvlies und das überstehende Avalon entfernen.

Fertig stellen des Kissens

1. Versäubern Sie an je einer Längskante die rückwärtigen Teile, schlagen Sie diese 2 cm um, und steppen Sie sie fest.
2. Diese Kanten links auf rechts aufeinander legen, so dass sich ein 6 cm breiter Über- bzw. Untertritt bildet. Von der Kante aus beidseitig 10 cm aufeinander steppen.
3. Klettverschluss in 3 Stücke teilen und an Über- bzw. Untertritt festnähen.
4. Vorder- und Rückteil rechts auf rechts legen und ringsum verstürzen. Bezug wenden und die Kanten flachdrücken.

5. Steppen Sie nun ringsum einen Rand von 7 cm ab. Verwenden Sie einen kompakten Zier- oder Nutzstich, damit die Linie schön plastisch wird. Wir haben aus der PFAFF »creative fantasy« den Stich Nr. 110 (Länge 9 mm / Breite 6 mm) gewählt.
6. Nähen Sie langsam und achten Sie auf guten Stofftransport.

Fertig stellen der Decke

1. Kanten ringsum versäubern und 4 cm nach rechts umbügeln. Legen Sie ein Frottiertuch darüber, damit sich keine Druckstellen vom Bügeleisen bilden.
2. An den Ecken arbeiten Sie eine sogenannte »Briefecke«. Schlagen Sie den gebügelten Saum wieder auf, und legen Sie die Kanten über Eck aufeinander. Es entsteht eine Spitze (Skizze a). Diese nähen Sie im Winkel von 45° ab (Skizze b).
3. Nahtzugabe zurückschneiden und den Saum wenden.
Ecke herausdrücken.

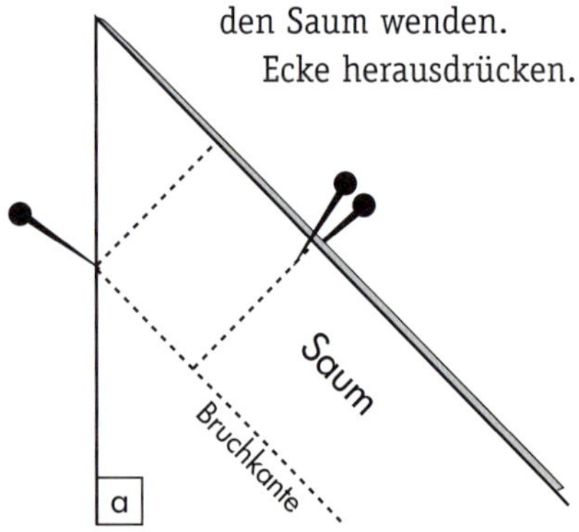

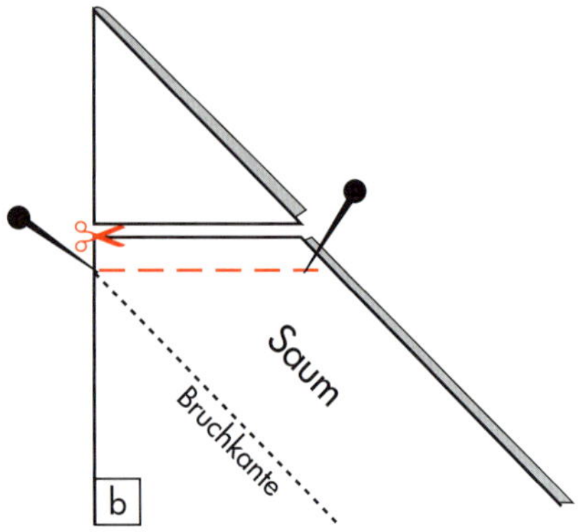

4. Saum von rechts fest steppen. Verwenden Sie dafür den gleichen Zierstich wie bei dem Kissen.
5. Die bestickten Quadrate schneiden Sie auf 13 x 13 cm bzw. 19 x 19 cm zurück und unterbügeln Vliesofix.
6. Kristalle auf der Decke platzieren, Papier abziehen, aufbügeln und mit Kontrastgarn aufnähen. Eine dekorative Naht ergibt z. B. der Muschelkantenstich, Länge 2,5 mm / Breite 6 mm.

Stilvolle Bettwäsche mit abknöpfbarem Umschlagtuch

Warum nicht mal einen Bettbezug nach eigenen Vorstellungen selber nähen? Das raffinierte Umschlagtuch wird geknöpft und lässt sich auch alleine verwenden zum Beispiel in heißen Sommernächten. Durch phantasievolle Stoffkombinationen können Sie eine schöne Wirkung erzielen. Mit einer »creative fantasy« setzen Sie mit kunstvollen Stickereien romantische Akzente.

Material

- 4,60 m gestreifter Baumwollstoff, 1,60 m breit
- 2,80 m unifarbener Baumwollstoff, 1,60 m breit

(Bei anderen Maßen stimmen Sie die benötigte Stoffmenge entsprechend ab!)

- Passendes Nähgarn
- 9 Wäscheknöpfe
- 1 Reißverschluss, 55 cm in Blau

Für die Bordürenstickerei

- Stickvlies
- Stickgarn, Stärke 40, in Hellblau, Dunkelblau und Weiß
- »creative fantasy«-Karte 48 (Kombimuster), Motiv Nr. 1
- Spezialrahmen »creative fantasy« big
- Sublimierkreide

Fertige Maße

Kopfkissen	**0,60 m x 0,50 m**
Bettbezug	**2,00 m x 1,35 m**
Umschlagtuch	**2,30 m x 1,35 m**

Kopfkissen

Zuschneiden

Streifenstoff
1 x 1,52 m x 0,54 m
(inkl. 2 cm Nahtzugabe)
unifarbener Stoff
1 x 0,40 m x 0,54 m
(inkl. 2 cm Nahtzugabe)

Sticken

1. Ziehen Sie mit Sublimierkreide eine Linie (11 cm Abstand zur unteren Kante) auf den unifarbenen Baumwollstoff. Markieren Sie auf dieser Linie zwei mal den Mittelpunkt des Stickmotives.
2. Unterlegen Sie Stickvlies und spannen Sie beide Lagen in den Stickrahmen ein.
3. Platzieren Sie den Stickfuß über der Mustermitte.
4. Sticken Sie das Motiv zweimal ab, und entfernen Sie dann das Stickvlies.

Fertig stellen

1. Bügeln Sie die Nahtzugabe des bestickten Streifens (0,54 m-breite Seite) nach links um, platzieren Sie ihn auf dem gestreiften Stoff und steppen Sie ihn knappkantig auf.

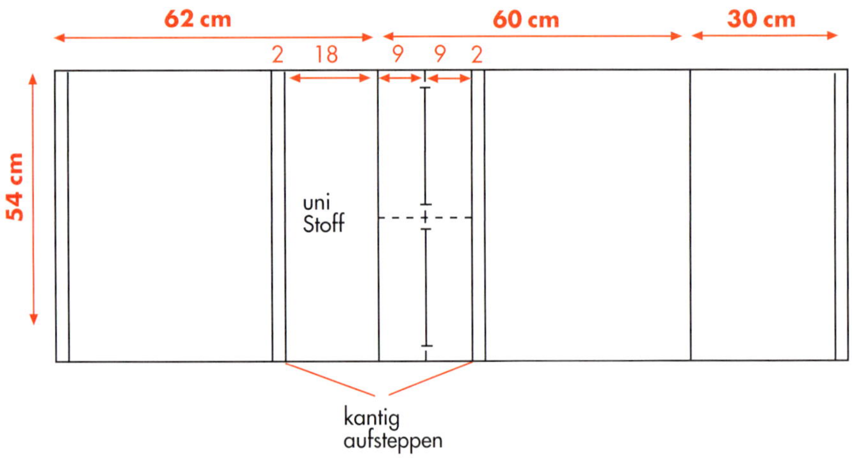

2. Nahtzugabe am Streifenstoff (0,54 m-breite Seite) 2 x 1 cm einschlagen und fest steppen.
3. Legen Sie das Stoffstück entsprechend der Zeichnung oben vor sich. Schlagen Sie nun die linke Seite (60 cm breit) rechts auf rechts um und legen Sie die linke Seite 28 cm breit darüber.
4. Schließen Sie die obere und untere Kante und wenden Sie den Bezug.

Umschlagtuch

Zuschneiden

Schneiden Sie aus dem unifarbenen Stoff ein Stück der Größe 2,36 m x 1,41 m aus (inkl. 3 cm Nahtzugabe).

Sticken

1. Zeichnen Sie mit Sublimierkreide zwei Linien über die Querseite (1,41 m) des Umschlagtuches (1. Linie 12,5 cm von der Kante entfernt, 2. Linie 22 cm).
Markieren Sie sich auf diesen Linien die Mittelpunkte der Motive. Beachten Sie die Skizze unten!
2. Beginnen Sei nun mit dem ersten Stickmotiv. Stickvlies unterlegen und in den Rahmen einspannen.
3. Platzieren Sie den Stickfuß über der Mustermitte.
4. Nacheinander alle 12 Motive absticken.
5. Stickvlies entfernen.
6. Knopflöcher 7 cm von der Kante entfernt einarbeiten (s. Markierung). Nahtzugaben des Tuches ringsum 1 cm und nochmals 2 cm einschlagen und knappkantig feststeppen.

Bettbezug

Zuschneiden

Schneiden Sie aus dem Streifenstoff zwei Stoffbahnen der Größe 2,04 m x 1,39 m (inkl. 2 cm Nahtzugabe).

Fertig stellen

1. Legen Sie die Stoffteile rechts auf rechts, und schließen Sie die untere Kante von beiden Seiten 40 cm.
2. Teile auseinanderlegen und die Nahtzugaben versäubern.
3. Legen Sie den Reißverschluss unter die entstandene Öffnung, und nähen Sie ihn verdeckt ein. Reißverschluss öffnen!
4. Stoffteile wieder rechts auf rechts legen und die restlichen Kanten schließen.
5. Bettbezug wenden. Bettbezug auf das Umschlagtuch legen, die oberen 30 cm des Tuches umschlagen.
6. Knöpfe anzeichnen und auf die obere Lage des Bettbezuges nähen. Die meisten Nähmaschinen nähen Knöpfe automatisch an. Probieren Sie es mal aus!

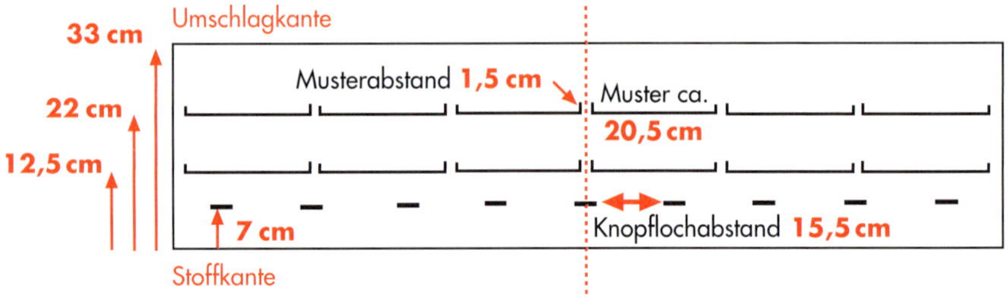

Tipp

Je mehr Nadelpositionen Ihre Nähmaschine bietet, desto exakter können Sie einen Reißverschluss einnähen, weil Sie direkt an der Kante steppen, ohne den Stoff zu verschieben.

Eine Tischdecke dreimal anders

Mit dem Basistischtuch nähen Sie eine Tischdecke, die Sie mit wenigen Handgriffen – je nach Anlass – verändern können. Der Trick: die Borten lassen sich mit Klettband problemlos austauschen. Die passenden Servietten ergänzen Ihre Tischdekoration. Wir haben eine neutrale Decke für festliche Anlässe, eine Weihnachtsdecke mit Tischband und schließlich eine Osterdecke passend zum Ostertisch von Seite 41 genäht.

Festliche Tischdecke mit Richelieu-Stickerei

Fertiges Maß 120 cm x 170 cm (Bei anderen Maßen gilt: Breite der Tischplatte + 40 cm x Länge der Tischplatte + 40 cm + 3 cm Saumzugabe rundum!)

Material

für Basistischdecke, variable Saumbänder und 6 Servietten

- 4,5 m weißes Leinen oder Halbleinen, 1,40 m breit
- Wingnadel
- Weißes Maschinenstickgarn aus Baumwolle
- Selbstlöschender Textilstift

Nähen der Basistischdecke

1. Schneiden Sie aus dem weißen Leinen ein 126 cm x 176 cm großes Rechteck zu.
2. Zeichnen Sie 10 cm von der äußeren Kante entfernt mit selbstlöschendem Textilstift rundum eine Linie.
3. Setzen Sie in Ihre »creative fantasy« eine Wingnadel ein und sticken Sie entlang der Linie den Hohlsaum Nr. 111, 6 mm breit.
4. An den Eckpunkten setzen Sie einfach neu an. Je nach Material kann es passieren, dass es sich zusammenzieht. Dann legen Sie Stickvlies unter, welches Sie danach wieder entfernen.
5. Bügeln Sie den Saum 1 cm um und schlagen Sie ihn 2 cm ein. Nochmals bügeln und 2 cm breit fest steppen.
6. Kleben Sie die eine Hälfte des Klettbandes (die härtere Kunststoffseite) auf die rechte Seite der Tischdecke innerhalb der Saumstepplinie und steppen Sie sie fest.

Material

- Farblich passende Unterdecke aus Baumwollsatin (2,40 m x 3,0 m)
- 3,0 m lachsfarbener Baumwollsatin, 1,40 m breit, für das Tischband und als Unterlegung für das variable Saumband und für 3 Servietten
- bordeauxfarbenes, lachsfarbenes und weißes Maschinenstickgarn
- spitze Stickschere
- Stickvlies
- Vlieseline H200
- 6,60 m selbstklebendes Klettband, 18 mm breit
- »creative fantasy«-Karte Nr. A »Maxi-Design«, Nr. 5 »Modern« und Nr. 25 »Richelieu«

Nähen und Besticken der Saumbänder

1. Schneiden Sie aus weißem Leinen 2 Längsseitenstreifen à 172 cm x 22 cm und 2 Stirnseitenstreifen à 158 cm x 22 cm zu.
2. Aus lachsfarbenem Baumwollsatin werden analog die Unterlegstreifen geschnitten, d.h. 2 x 172 cm x 24 cm und 2 x 158 cm x 24 cm (inkl. Nahtzugabe für die Paspel).
3. Kennzeichnen Sie die Motivabstände auf den weißen Leinenstreifen, indem Sie zuerst mit einem selbstlöschenden Textilstift eine waagerechte Mittellinie ziehen. Darauf zeichnen Sie jeweils 12 cm von der äußeren Kante rechts und links einen Punkt als Motivmitte für das erste und letzte Blütenmuster ein.
4. Dazwischen zeichnen Sie die weiteren Motivmitten an den Längsseitenstreifen mit einem Abstand von jeweils 18,5 cm ein und an den Stirnseitenstreifen mit 19 cm Abstand ein.
5. Spannen Sie den Stoff fest in den Stickrahmen ein, legen Sie Stickvlies unter und sticken Sie mit bordeauxfarbenem Garn die Blütenmotive. Einmal gespiegelt und einmal ungespiegelt absticken. Die Nadel sollte am Musteranfang immer in die gekennzeichneten Punkte einstechen. Das Motiv mit den Cursortasten entsprechend positionieren.
6. Wenn alle Blüten fertiggestickt sind, werden die Zwischenräume innerhalb der Stege vorsichtig mit einer sehr spitzen Stickschere ausgeschnitten.

7. Anschließend werden die Streifen mit dem lachsfarbenen Satinstoff verstürzt: Legen Sie die passenden Satinstreifen mit der linken Stoffseite auf die rechte Seite der bestickten Bänder. An der oberen Kante zusammensteppen, Nahtzugabe 0,7 cm.
8. Wenden, die Nahtzugaben nach oben bügeln und die Streifen wieder rechts auf links zusammenlegen.

Dabei an den Schmalseiten an der oberen Kante die Mehrlänge für den Paspel hochschieben und als Falte feststecken.

9. Streifen rundum mit einer Nahtzugabe von 1 cm zusammennähen, dabei die untere Kante ca. 10 cm zum Wenden offen lassen.

10. Nahtzugaben in den Ecken schräg abschneiden. Streifen wenden. Kanten sorgfältig ausbügeln. Paspel 1 cm breit bügeln und schmalkantig absteppen.

11. Auch die restlichen Kanten schmalkantig absteppen, dabei die Öffnung zusteppen.

12. Befestigen Sie auf der linken Stoffseite unterhalb der Paspel die andere Hälfte des Klettbandes. Die Bänder der Längsseiten werden zusätzlich auf der rechten Stoffseite der Schmalkanten mit 18 cm langen Streifen des Klettbandes, welches auch auf der Tischdecke benutzt wurde, beklebt und aufgesteppt. Zum Schluss werden erst die Musterbänder an den Längsseiten der Tischdecke befestigt, dann die Streifen der Stirnseiten darüber gelegt und festgedrückt.

Nähen und Besticken des Tischbandes

1. Schneiden Sie aus dem lachsfarbenen Baumwollsatin zwei Streifen à 122 cm x 26 cm zu und bügeln Sie unter eines der Bänder Vlieseline.

2. Zeichnen Sie mit dem Textilstift eine Mittellinie, rechts und links davon jeweils mit 8 cm Abstand eine weitere Linie. Kennzeichnen Sie auf der Mittellinie mit Punkten die Motivabstände. Hierzu für das erste und letzte Motiv jeweils 11 cm von der äußeren Kante einen Punkt als Motivmitte zeichnen. Dazwischen zeichnen Sie alle weiteren Motivmitten im Abstand von 12,5 cm ein.

3. Wählen Sie aus der »creative fantasy«-Karte Nr. 5 »Modern« das entsprechende Muster.

4. Stoff fest in den Stickrahmen einspannen und Muster für Muster mit bordeauxfarbenem Garn entlang der Mittellinie sticken. Die Punkte gelten als Mustermitte, die Nadel soll beim Musteranfang genau in den Punkt einstechen (mit Cursortasten positionieren!)

5. Anschließend die Verbindungsfäden innerhalb der Motive mit einer spitzen Schere vorsichtig abschneiden.

6. Band bügeln.

7. Wählen Sie dann aus der »creative fantasy«-Karte Nr. A das entsprechende Muster für die rechte und linke Bordürenreihe.

8. Unterlegen Sie den Stoffstreifen mit Stickvlies, entfernen Sie das Stickaggregat und richten Sie die Nähmaschine auf normales Sticken ein.

9. Sticken Sie dann das Maximuster entlang der gekennzeichneten Linien auf das Band. Beginnen Sie 4 cm von der Stoffkante entfernt. Dabei genau auf die Mustermitte achten, d.h. die Nadel sticht beim Musteranfang immer in die vorgezeichnete Linie.

10. Stickvlies anschließend entfernen, Streifen bügeln und mit dem unbestickten Stoff verstürzen.

11. Wenden, Kanten bügeln und rundum schmalkantig absteppen.

Nähen und Besticken der Servietten

1. Schneiden Sie aus dem weißen Leinen pro Serviette ein Stoffquadrat von 42 cm x 42 cm zu.

2. Schlagen Sie die Säume jeweils einen Zentimeter doppelt ein. Bügeln und schmalkantig fest steppen.

3. Kennzeichnen Sie mit Textilstift die Position des Musters und sticken Sie die Motive auf die Servietten.

4. Mit passenden Zierstichen aus dem 9 mm-Stickstich-Sortiment der »creative fantasy« bzw. der Stickkarte Nr. A »Maxi-Design« rundum abschließen.

5. Für die lachsfarbenen Servietten schneiden Sie 3 Stoffquadrate in den Maßen 42 cm x 42 cm zu. Säume jeweils einen Zentimeter doppelt einschlagen, bügeln und schmalkantig fest steppen.

Tipp

Stickrahmen-Motive in Ecken oder an Säumen lassen sich einfacher sticken, wenn man den Stoff mit Filmoplast sozusagen ergänzt und statt des Stoffes Filmoplast in den Stickrahmen spannt. Dazu Papierschicht abziehen, Stoffecke oder Saum auf der Klebeschicht festdrücken und wie gewohnt sticken. Anschließend Stickerei aus dem Rahmen nehmen und das Vlies abreißen.

Tischdecke mit Osterstickerei

Material

- 0,10 m gelbes Leinen oder Halbleinen, 1,80 m breit
- Maschinenstickgarn, Stärke 40, in Gelb, Rot und Grün
- 6,60 m selbstklebendes Klettband, 18 mm breit
- Stickvlies
- »creative fantasy«-Karte Nr. 12 »Ostern«

Zuschneiden und Besticken der variablen Saumbänder

1. Schneiden Sie 2 Längsstreifen à 172 x 24 cm und 2 Stirnseitenstreifen à 158 x 24 cm aus weißem Leinen zu.
2. Danach schneiden Sie 2 Paspelstreifen à 172 x 4 cm und 2 Paspelstreifen à 158 x 4 cm aus gelbem Leinen zu.
3. Unser Oster-Rapport setzt sich aus drei Stickmotiven zusammen: links Motiv Nr. 9 (Muster 1), in der Mitte Motiv Nr. 10 (Muster 2) und rechts Motiv Nr. 9 gespiegelt (Muster 3).

4. Ziehen Sie auf den weißen Leinenstreifen mit einem selbstlöschenden Textilstift zwei waagrechte Linien im Abstand von 7 mm (die Linien sollten sich in der Mitte der Stoffstreifen befinden).
5. Markieren Sie sich auf den zwei angezeichneten Linien die Motivmittelpunkte. Der Abstand der Motivmittelpunkte beträgt 10 cm. Die Mittelpunkte von Motiv 10 liegen auf der unteren Linie.
6. Der Abstand von Rapport zu Rapport beträgt bei den Stirnseitenstreifen 2,5 cm, bei den Längsseitenstreifen 4,5 cm (s. nebenstehende Skizzen).
7. Der Abstand zwischen der Motivmitte des 3. Musters vom Rapport 1 und der Motivmitte des 1. Musters von Rapport 2 beträgt bei den Stirnseitenstreifen 10,5 cm, bei den Längsseitenstreifen 12,7 cm.
8. Spannen Sie den Stoff mit einer Lage Stickvlies in den Stickrahmen ein, und sticken Sie die Motive ab. Platzieren Sie den Stickfuß mit den Cursortasten über dem markierten Punkt.

Der Stickfuß befindet sich vor Stickbeginn stets über der Mustermitte. Erst nach Betätigung des Fußanlassers oder Drücken der Taste »Musteranfang« fährt der Stickrahmen zum Musteranfang.

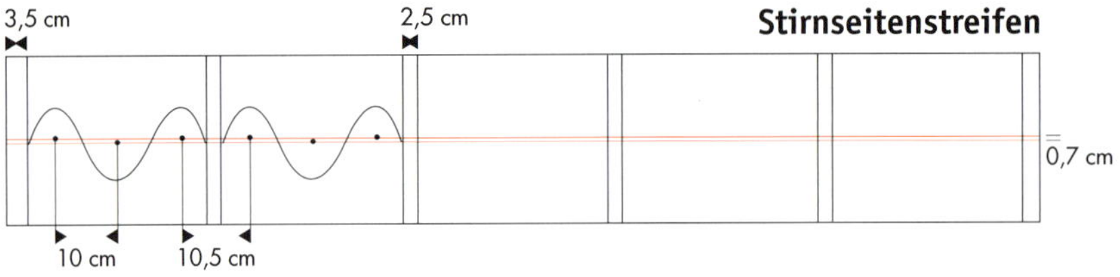

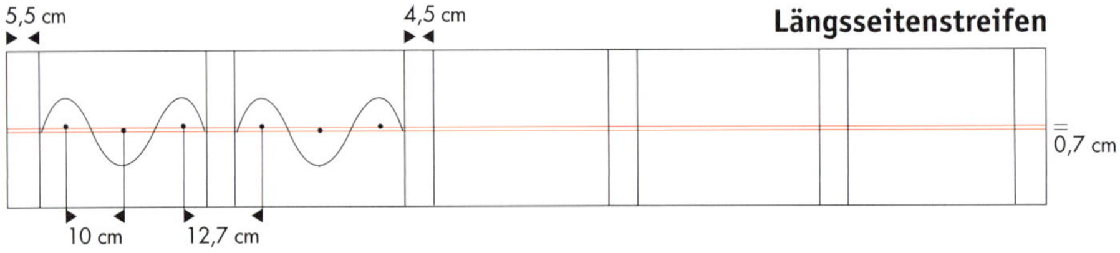

Nähen

1. Schneiden Sie die Streifen auf eine Breite von 22 cm zurück.
2. Die gelben Stoffstreifen zur Hälfte bügeln (links auf links), so dass 2 cm breite Paspeln entstehen.
3. Paspel rechts an rechts an die oberen Saumbandkanten steppen, dabei schließen die offenen Paspelkanten mit den oberen Kanten ab.
4. Die Kanten der Saumbänder versäubern. Paspel nach oben bügeln und schmalkantig absteppen.
5. Restliche Kanten 1 cm breit umbügeln und füßchenbreit absteppen.
6. Unterhalb der Paspel das Klettband befestigen. Auf den Längsseitenbändern wird auf der rechten Stoffseite der Schmalseiten ein 18 cm langer Klettbandstreifen befestigt.

Tischdecke mit Weihnachtsstickerei

Material

- 90 cm dunkelblauer Baumwollsatin für Tischband und Paspel, 140 cm breit
- 60 cm karierter Baumwollstoff, 140 cm breit für das Tischband »Merry Christmas« und 3 Servietten
- Farblich passende Unterdecke (2,40 m x 3,0 m)
- Maschinenstickgarn in verschiedenen Blautönen und Weiß
- Stickvlies
- 6,60 m selbstklebendes Klettband, 18 mm breit
- »creative fantasy«-Karten Nr. B »Maxi-Design«, Nr. 4 »Monogramme /Alphabete« und Nr. 18 »Weihnachten«

Nähen und Besticken der variablen Saumbänder

1. Stoffstreifen für die Tischdeckensaumbänder, wie beim Richelieuthema auf Seite 24 beschrieben, zuschneiden, jedoch nur aus weißem Leinen.
2. Zusätzlich zwei 4 cm x 172 cm und zwei 4 cm x 158 cm lange Streifen aus dunkelblauem Satin zuschneiden und zur Hälfte bügeln, so dass 2 cm breite Paspeln entstehen.
3. Kennzeichnen Sie auf den Bändern die Musterabstände (s. ebenfalls Richelieu-Tischdecke).
4. Wählen Sie von der »creative fantasy«-Karte »Weihnachten« entsprechende Motive aus.
5. Muster sticken, dabei gelten die vorgezeichneten Punkte wieder als Mustermitte.

MERRY CHRISTMAS

6. Anschließend vorsichtig die Verbindungsfäden innerhalb der Muster abschneiden. Streifen bügeln.
7. Paspel rechts auf rechts an die oberen Kanten stecken, die offenen Seiten schließen mit der oberen Kante ab.
8. Musterbänder rundum versäubern: Wenn Sie eine Overlock besitzen, können Sie die Paspel gleich mitfassen. Alternativ: Paspel fest steppen und den Streifen rundum mit einem Zickzackstich versäubern.
9. Nahtzugabe der Paspel nach unten bügeln. 1 cm umbügeln. Streifen an den Kanten ca. 1 cm breit absteppen und dabei die Nahtzugaben mitfassen. Paspel mit weißem Garn schmalkantig absteppen.
10. Klettband, wie bereits beschrieben, befestigen.

Nähen und Besticken des Tischbandes »Merry Christmas«

1. Aus dem blauen Baumwollstoff zwei Stoffbahnen der Größe 27 cm x 140 cm (inkl. 1 cm Nahtzugabe) zuschneiden.
2. Aus dem karierten Baumwollstoff zwei 6 cm breite und 140 cm lange Stoffbahnen (inkl. 1 cm Nahtzugabe) zuschneiden.
3. Mit dem Großbuchstabenalphabet von »creative fantasy«-Karte Nr. 4 (Buchstabengröße 48 mm) auf eine der blauen Stoffbahnen »MERRY CHRISTMAS« sticken.
4. Dafür die Wortfolge »MERRY CHRISTMAS« in einzelne M-Speicher einprogrammieren.
In den ersten Speicher »MER« eingeben, in den zweiten »RY« eingeben, usw. (Die Wortfolge ist zu lang, um in einen einzigen M-Speicher einprogrammiert zu werden).
5. Etwa 2 cm unterhalb der Mitte der blauen Stoffbahn eine Linie mit Sublimierkreide ziehen. Auf dieser Linie wird die Wortfolge abgestickt.
6. Stoffbahn mit Stickvlies unterlegen und in den Stickrahmen einspannen. Die gekennzeichnete Linie muss parallel zu den Führungszapfen des Stickrahmens verlaufen.
7. Den ersten Speicher anwählen und die Position der Buchstabenfolge innerhalb des Stickfelds umfahren.
8. Die Buchstabenfolge solange positionieren, bis beim Umfahren der Stickfuß direkt über der gekennzeichneten Linie läuft. Zum Positionieren innerhalb des Stickfelds verwenden Sie die Tasten 8 und 9 und die beiden Cursor-Tasten.
9. Den ersten Speicher absticken.
10. Anschließend den Stoff aus dem Rahmen nehmen und zum Absticken des zweiten Speichers neu einspannen. Die gekennzeichnete Linie muss wieder parallel zu den Führungszapfen verlaufen.
11. Den zweiten Speicher aufrufen und die Position der Buchstabenfolge innerhalb des Stickfeldes umfahren. Verschieben Sie die zweite Buchstabenfolge mit Hilfe der Tasten 8 und 9 und der beiden Cursor-Tasten solange, bis diese an die erste Buchstabenfolge anschließt.
12. Fahren Sie mit den folgenden Buchstabenfolgen wie beschrieben fort, bis alles komplett abgestickt ist.
13. Stickvlies entfernen, bestickte Stoffbahn bügeln und auf eine Breite von 19 cm zurückschneiden.
14. Karierte Stoffbahnen rechts auf rechts an die bestickte Bahn annähen, Nahtzugaben auseinander bügeln.
15. Unbestickte blaue Stoffbahn auf bestickte Stoffbahn legen (rechte Seiten innen), zusammennähen, dabei eine kleine Öffnung zum Verstürzen offen lassen.
16. Tischband wenden, bügeln und die Öffnung mit Handstichen schließen.

Nähen und Besticken der Servietten

Schneiden und nähen Sie die Servietten wie auf Seite 25 beschrieben und besticken Sie diese mit Weihnachtsmotiven.

Tischdecken und Servietten mit Hohlsaum und Kreuzstich

Was früher in langwieriger Handarbeit gefertigt wurde, geht mit der Nähmaschine heute im Handumdrehen. Hohlsaum, Monogramm und Kreuzstich wurden hier auf Leinen in Naturtönen gestickt.

Fertige Maße
Grobe Leinen-Tischdecke mit Hohlsaum 1,20 m x 1,20 m
Weiße Leinen-Tischdecke mit Kreuzstich 0,80 m x 0,80 m
Servietten 0,50 m x 0,50 m

Grobe Leinen-Tischdecke mit Hohlsaum und Serviette mit Monogramm

Material

- 1,20 m x 1,20 m grobes Leinen
- 0,60 m x 0,60 m feines Leinen in Beige
- Maschinenstickgarn in Weiß und Hellbraun
- Wingnadel
- Passendes Nähgarn
- Stickvlies
- Sublimierkreide
- »creative fantasy«-Karte 4

Hohlsaum nähen

1. Zeichnen Sie 6 cm vom Rand entfernt mit Sublimierkreide eine Linie. Ziehen Sie unterhalb dieser Linie mit Hilfe einer Nadel Fäden aus dem Leinen, bis ein Hohlraum von 8 mm entsteht. An den Ecken 6 cm aussparen!
2. Wingnadel einsetzen und Maschinenstickgarn einlegen. Die Wingnadel ist eine Spezialnadel mit einem sehr breiten, flügelförmigen Schaft. Beim Einstechen in das Gewebe ent-

NFACH WEISS!

stehen dadurch die für Hohlsaumarbeiten typischen Einstichlöcher.
3. Nähen Sie nun den Stäbchenhohlsaum. Wir haben das Programm Nr. 111 (Länge 3 mm/ Breite 6 mm) der Pfaff creative 7570 gewählt. Nähen Sie jeweils seitlich der ausgezogenen Fäden entlang. Dabei muss die Nadel knapp neben der Stoffkante in die ausgezogenen Fäden einstechen, um diese zu bündeln.
4. Aktivieren Sie die Funktion »langsam nähen«, damit die Nadel gleichmäßig einsticht und die Fäden sauber bündelt.
5. Ziehen Sie nun, vom fertigen Hohlsaum ausgehend, 3 cm zur Kante einen Faden. An den Ecken 3 cm aussparen.
6. Entlang dieser Markierung nähen Sie noch einmal ringsum mit dem Stäbchenhohlsaumstich.
7. Überstehende Kanten ausfransen. Der zweifarbige Effekt im Hohlsaum entsteht automatisch dadurch, weil das Leinen mit zwei unterschiedlichen Fäden gewebt wurde.

3. Übernähen Sie die Saumkante mit einem Hohlsaumstich. Wir haben den Stich Nr. 116 (Länge 20 mm / Breite 80 mm) aus dem Programm der Pfaff »creative fantasy« gewählt.

4. Markieren Sie den Mittelpunkt für das Monogramm.
Stickvlies unterlegen und das gewünschte Monogramm absticken. Vlies entfernen.

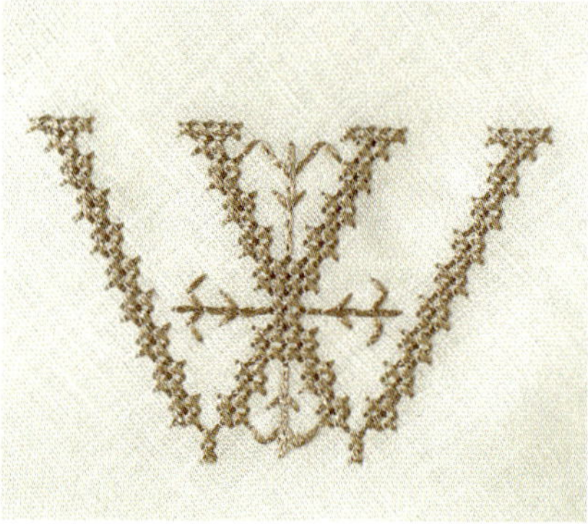

Fertig stellen der Serviette

1. Saumkanten 2 cm und nochmals 3 cm umbügeln.
2. Briefecken arbeiten wie auf Seite 35, Schritt 8 beschrieben und Säume heften.

Weiße Leinen-Tischdecke mit Stickerei und Serviette mit Hohlsaum

Material

- 1,50 m mittelgrobes Leinen in Weiß, 0,90 m breit
- Stickvlies
- Maschinenstickgarn in Hellbraun
- Wingnadel
- Passendes Nähgarn
- »creative fantasy«-Karten 14 und 28, jeweils Motiv Nr. 5

Zuschneiden

Decke
1 x 90 cm x 90 cm (inkl. 5 cm Saumzugabe)
Serviette
1 x 56 cm x 56 cm (inkl. 3 cm Saumzugabe)

Fertig stellen der Tischdecke

1. Übertragen Sie die Motivmittelpunkte entsprechend der Skizze auf den Stoff.

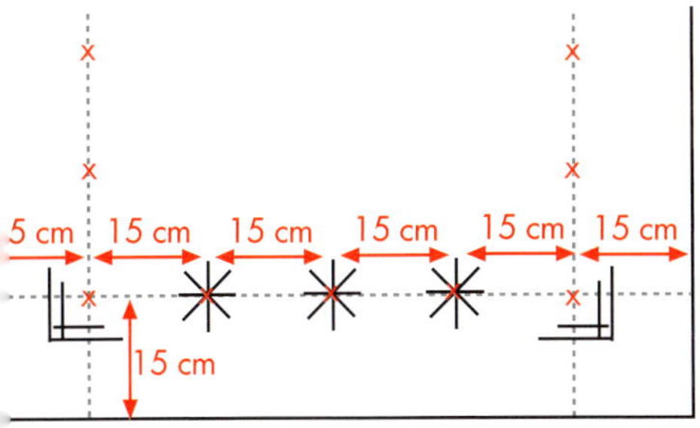

2. Unterlegen Sie Stickvlies, spannen Sie den Stoff in den Stickrahmen ein und sticken Sie die Motive nacheinander ab. Stickvlies entfernen.
3. Saumkante 2 cm und nochmals 3 cm umbügeln.
4. Briefecken arbeiten (s. Seite 35, Schritt 8).
5. Säume festheften oder stecken. Mit dem Hohlsaumstich Nr. 112 der Pfaff »creative fantasy« und der Wingnadel nähen Sie entlang der inneren Saumkante, so dass die Nadel einmal in den Saum und einmal in die Decke sticht.

Fertig stellen der Serviette

1. Ziehen Sie, 5 cm von der Kante ausgehend, die Fäden für den Hohlsaum (1 cm breit), Ecken dabei aussparen!
2. Saumkanten 1 cm und nochmals 2 cm umbügeln und Briefecken arbeiten (s. Seite 35, Schritt 8).
3. Wingnadel einsetzen und Maschinenstickgarn einlegen. Nähen Sie nun den Stäbchenhohlsaum genau entlang der Saumkante. Wir haben das Hohlsaumprogramm Nr. 111 aus der »creative fantasy« verwendet.

Tischdecken in Sommerfarben mit runden Zirkellineal-Stickereien

Die schönen kreisrunden Verzierungen in knalligem Pink, Orange und Gelb sind mit jeder Nähmaschine nachzumachen. Alles was Sie brauchen ist das »Zirkellineal« – ein Sonderzubehör, das den eingespannten Stoff einfach im Kreis führt.

Fertige Maße
Tischdecke Gelb/Orange
1,20 m x 1,20 m
Tischdecke Pink
0,80 m x 0,80 m
Serviette Orange/Gelb
jeweils 0,50 m x 0,50 m

Material

- 1,90 m fester Baumwollstoff in Gelb, 1,40 m breit
- 1,00 m fester Baumwollstoff in Orange, 1,40 m breit
- 0,90 m fester Baumwollstoff in Pink, 0,90 m breit
- Maschinenstickgarn in Gelb, Orange, Pink
- Bobbins No. 150
- Stickvlies
- Vliesofix
- Kopierpapier
- Sublimierkreide
- Passendes Nähgarn
- Zirkellineal
- Vorlage für die Bogenbordüre s. Seite 79

Zuschneiden

Gelb	1 x	1,20 m x 1,20 m
	1 x	0,50 m x 0,50 m
Orange	1 x	0,50 m x 0,50 m
	2 x	0,30 m x 1,20 m
Pink	1 x	0,80 m x 0,80 m

Geben Sie an allen Kanten 5 cm Saumzugabe.

Fertig stellen der gelben Tischdecke

1. Zeichnen Sie den Bogen (Vorlage Seite 79) 5 x hintereinander mit Sublimierkreide auf die orangefarbenen Streifen auf. Orientieren Sie sich an der Skizze 1 auf Seite 35.
2. Mit Kopierpapier oder Sublimierkreide vorsichtig die Ansätze für die Stickerei übertragen.

3. Beginnen Sie nun mit den Zierstichen. Für den Blütenkopf empfiehlt sich das Zirkellineal (Anleitung s. Seite 8). Die Zierstiche stammen von der Pfaff creative 7570. Die Programm-Nummern entnehmen Sie der Skizze 2. Sie können auch andere Zierstiche Ihrer Nähmaschine verwenden.

4. Zirkellineal einsetzen und Motiv sticken.

5. Die fertig bestickte Bordüre unterbügeln Sie nun mit Vliesofix. Papierschicht abziehen und die Streifen an Ober- und Unterkante der Decke aufbügeln.

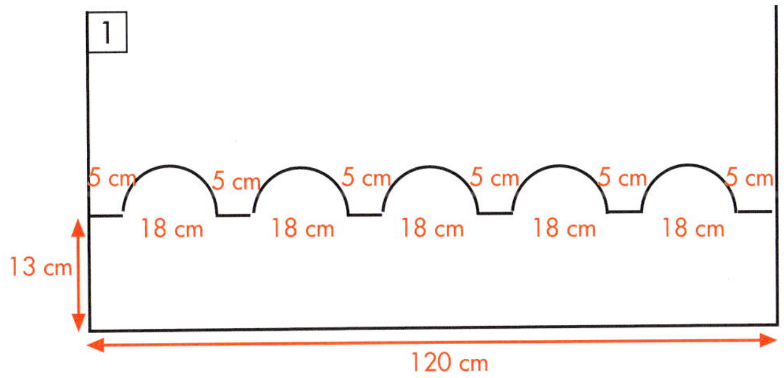

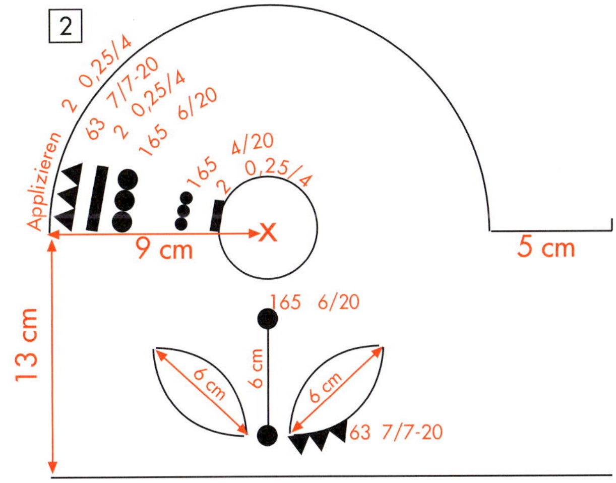

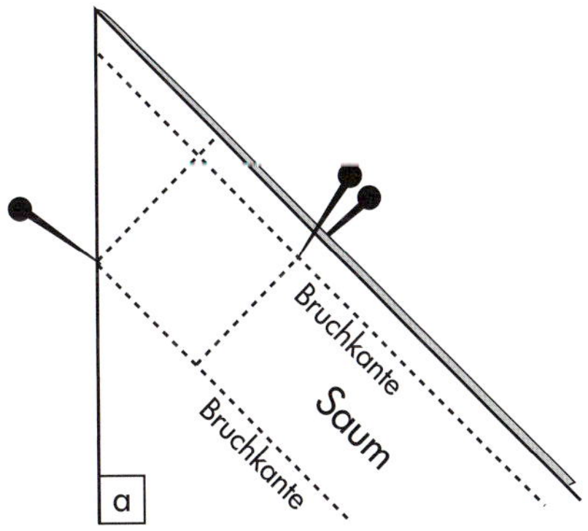

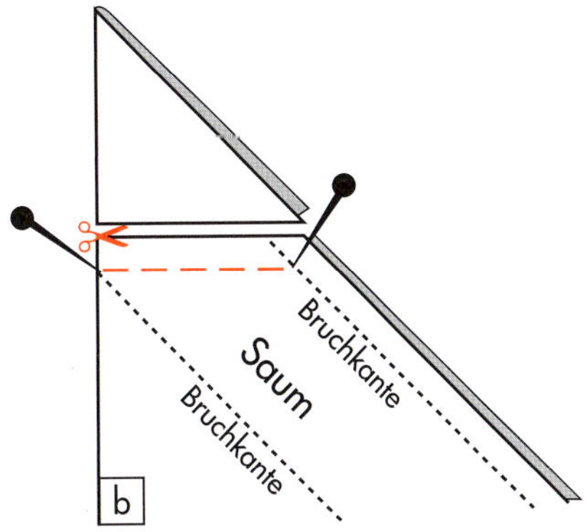

6. Bögen entlang der Kante mit dichtem Zickzackstich applizieren. Damit der Saum nicht zu dick wird, schneiden Sie den gelben Stoff unter der Bordüre an der Saumkante 4 cm zurück.
7. Kanten ringsum 1 cm und nochmals 4 cm umbügeln.
8. An den Ecken arbeiten Sie die sog. »Briefecke«: Schlagen Sie den gebügelten Saum (4 cm) wieder auf, und legen Sie die Kanten über Eck aufeinander. Es entsteht eine Spitze, Skizze a). Diese nähen Sie im Winkel von 45° ab, Skizze b). Nahtzugabe zurückschneiden und den Saum wenden. Ecke herausdrücken.
9. Decke ringsum säumen.

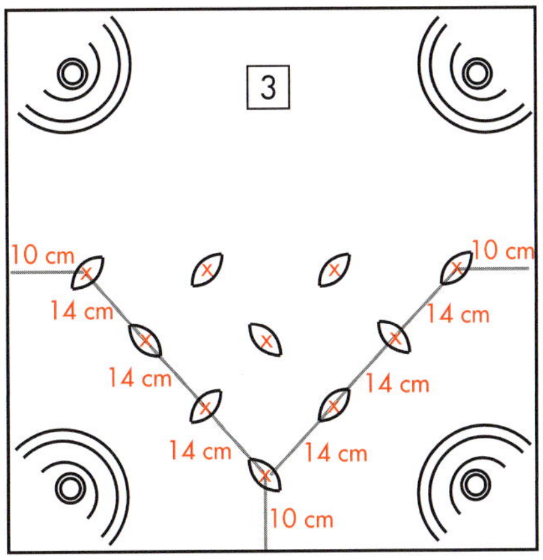

Fertig stellen der pinkfarbenen Tischdecke

1. Saumkanten ringsum 1 cm und nochmals 4 cm umbügeln.
2. Briefecken arbeiten.
3. Saum steppen.
4. Stickmotive laut Skizze 3 anordnen.
5. Stickvlies unterlegen und die Motive absticken. Stickvlies entfernen.

Fertig stellen der Servietten

Saumkanten und Briefecken entsprechend den Tischdecken arbeiten.

Karierte Tischdecke mit Gockel-Applikation und Servietten

Kombinieren Sie doch einmal unterschiedliche Karostoffe miteinander. Der Reiz liegt in der konträren Anordnung. Und mittendrin ziert ein großer Gockel das Tischarrangement. Er wird ganz einfach nach Vorlage appliziert.

Fertige Maße
Karodecke mit Hahn 1,20 m x 1,20 m
Serviette, kariert 0,50 m x 0,50 m
Serviette, orange 0,50 m x 0,50 m

Material

- 1,80 m kleinkarierter Stoff, 1,40 m breit
- 1,30 m großkarierter Stoff, 0,90 m breit
- 0,65 m einfarbiger Stoff in Orange, 0,90 m breit
- 0,35 m x 0,35 m einfarbiger Stoff in Creme
- 0,35 m x 0,35 m Vlieseline H 180
- Applikationsfuß
- Vliesofix
- Stickvlies
- Passendes Nähgarn
- Transparentpapier
- Bleistift
- Vorlage s. Seite 78

Zuschneiden

Karodecke

Kleines Karo
1 x 1,30 m x 1,30 m
(inkl. 5 cm Saumzugabe)

Kleines Karo
1 x 0,44 m x 0,44 m
(inkl. 1,5 cm Nahtzugabe)

Großes Karo
1 x 0,62 m x 0,62 m
(inkl. 1,5 cm Nahtzugabe)

Orange
1 x Hahn, mit Vliesofix unterbügeln

Creme
1 x 0,32 m x 0,32 m
(inkl. 1,5 cm Nahtzugabe), mit Vlieseline verstärken

Servietten

Orange
1 x 0,60 m x 0,60 m
(inkl. 5 cm Nahtzugabe)

Großes Karo
1 x 0,60 m x 0,60 m
(inkl. 5 cm Nahtzugabe)

Applizieren

Beginnen Sie mit der Applikation des Gockels. Ziehen Sie die Papierschicht vom Hahn ab und bügeln Sie ihn auf das cremefarbene Stoffstück. Stickvlies unterlegen und aufnähen. Dafür verwenden Sie den Applikationsfuß zusammen mit dem Applikationsstich oder einem sehr dichten Zickzackstich (Länge 0,4 mm / Breite 2,5 mm)

Fertig stellen der Karo-Tischdecke und der Servietten

1. Bügeln Sie nun die Nahtzugabe an den Kanten der drei Karo-Stoffstücke um.

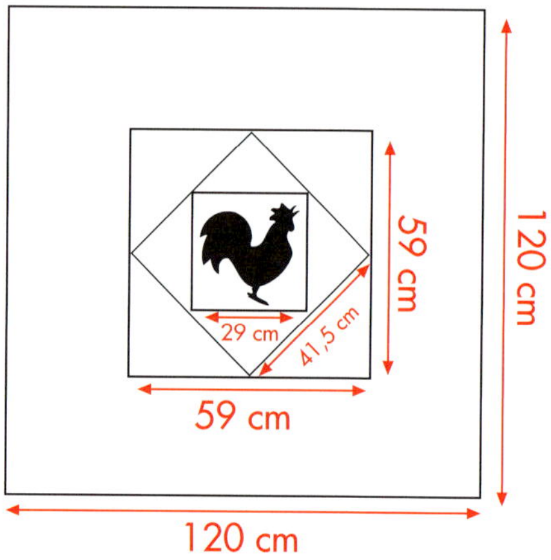

2. Nähen Sie die Stoffteile aufeinander, wobei das mittlere Stück diagonal liegt.
3. Die Quadrate komplett auf die Decke steppen (Anordnung s. Skizze).
4. Saumkanten der Decke 1 cm und nochmals 4 cm umschlagen.
5. Briefecken arbeiten (s. Anleitung Seite 35) und die Säume fest steppen.
6. Für die Servietten Saumkanten und Briefecken wie bei der Tischdecke arbeiten.

Indische Tischsets

Ein Tischarrangement in warmen Farben lädt zum Essen ein. Die Sets haben raffinierte Einfassungen und werden mit ausgefüllten Stickstichen aus dem Repertoire Ihrer Nähmaschine oder der »creative fantasy« bestickt.

Rote Sets mit gelben Ecken

Fertiges Maß 40 cm x 40 cm

Material

- ❖ 42 cm x 42 cm Baumwollstoff in Rot
- ❖ 65 cm x 15 cm Baumwollstoff in Orange
- ❖ 30 cm x 30 cm Baumwollstoff in Gelb
- ❖ Passendes Nähgarn
- ❖ Maschinenstickgarn, Stärke 40, in Gelb, Orange, Blau, Braun und Rot
- ❖ Bobbinfil
- ❖ Stickvlies
- ❖ Stickfuß
- ❖ Sublimierkreide

Papierschnitt

Fertigen Sie sich einen Papierschnitt entsprechend der Skizze an.

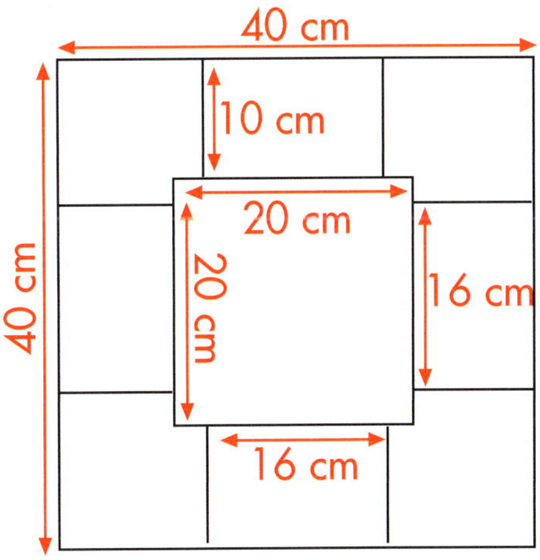

Zuschneiden

Rot	1 x	42 cm x 42 cm
Orange	4 x	65 cm x 15 cm
Nach dem Besticken teilen in		
	4 x	12 cm x 18 cm
Gelb	4 x	Eckteile, 14 cm x 14 cm

Eine Nahtzugabe von 1 cm ist in den Maßen enthalten.

Sticken

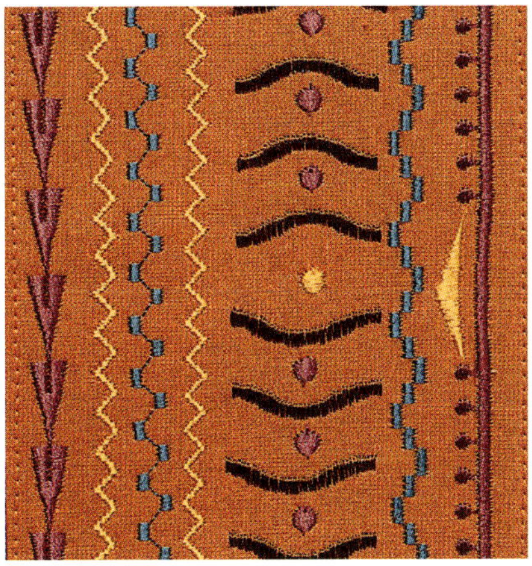

Wir haben für die Stickbordüre Stiche aus dem Programm der Pfaff »creative fantasy« verwendet. Die genaue Stichauswahl können Sie der folgenden Skizze entnehmen. Natürlich können Sie auch beliebig andere Zierstiche aus dem Repertoire Ihrer Nähmaschine verwenden.

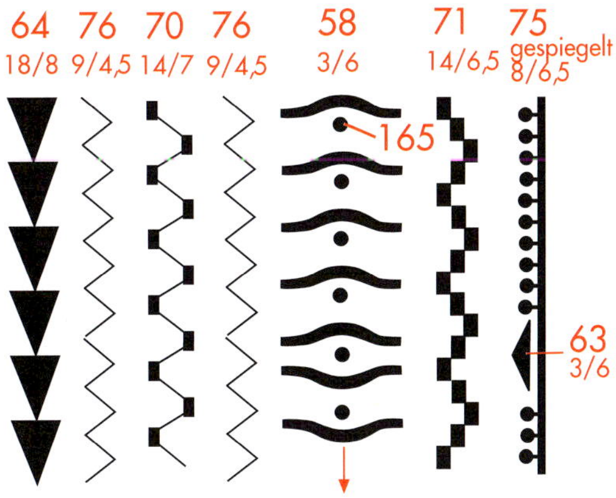

1. Den orangefarbenen Stoffstreifen mit Stickvlies unterlegen und nacheinander die Muster absticken.
2. Besticken Sie den ganzen Streifen und schneiden Sie ihn erst später auseinander.
3. Der Abstand der Reihen zueinander ergibt sich automatisch, wenn Sie die Fußkante parallel zum bereits gestickten Muster laufen lassen.
4. Stickvlies entfernen und den Stoff gut ausbügeln.

Fertig stellen

1. Nähen Sie die bestickten Stücke und die Eckteile an den schmalen Kanten zusammen – es entsteht ein Rahmen.
2. Nahtzugaben auseinander bügeln.
3. Am inneren Rand des Rahmens die Nahtzugabe 1 cm umschlagen – die Ecken dafür schräg einschneiden.
4. Den Rahmen legen Sie nun mit der rechten Seite auf die linke Seite des roten Stoffes und verstürzen die Außenkanten.
5. Nahtzugaben knapp zurückschneiden (an den Ecken schräg) und den Rahmen auf die rechte Stoffseite wenden.
6. Ecken gut herausdrücken und die Innen- und Außenkante des Streifens schmalkantig absteppen.

Rote Sets mit Rahmen

Fertiges Maß
40 cm x 40 cm

Material

- 42 cm x 42 cm Baumwollstoff in Rot
- 42 cm x 20 cm Baumwollstoff in Orange
- Passendes Nähgarn
- Maschinenstickgarn, Stärke 40, in Gelb, Orange, Blau und Braun
- Bobbinfil
- Stickvlies
- Applikationsfuß
- Sublimierkreide

Papierschnitt

Fertigen Sie sich einen Papierschnitt entsprechend der Skizze an.

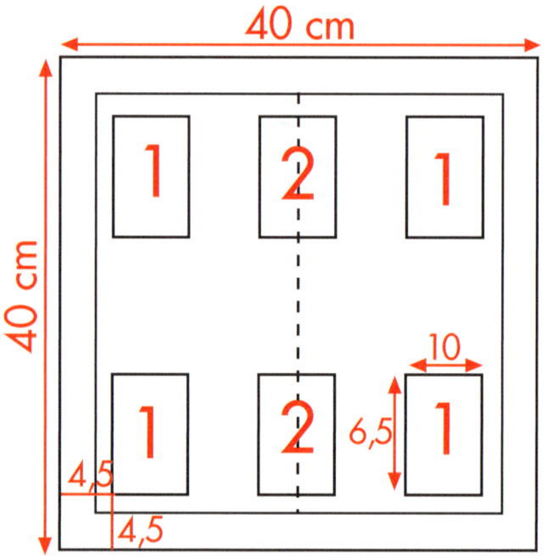

Zuschneiden

Rot 1x 42 cm x 42 cm
Orange 4x 42 cm x 5 cm
Eine Nahtzugabe von 1 cm ist in den Maßen enthalten.

Sticken

1. Markieren Sie mit der Sublimierkreide die Positionen der Stickerei auf dem roten Stoff.
2. Wir haben Stiche aus dem Programm der Pfaff »creative fantasy« verwendet. Die genaue Stichauswahl entnehmen Sie den folgenden Skizzen. Natürlich können Sie auch beliebig andere Ziersticheaus dem Repertoire Ihrer Nähmaschine verwenden.
3. Stickvlies unterlegen und nacheinander die Muster abnähen.
4. Die Anfangs- und Endfäden auf die Rückseite ziehen und vernähen.
5. Stickvlies entfernen und den Stoff bügeln.

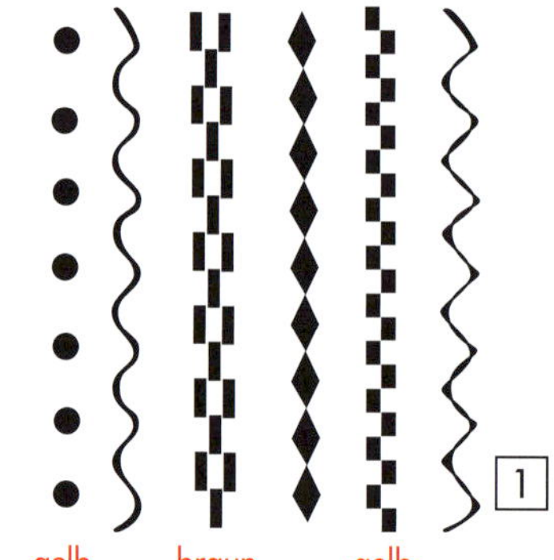

Fertig stellen

1. Legen Sie jeweils zwei der orangefarbenen Streifen rechts auf rechts und nähen Sie die schmalen Kanten im 45° Winkel zusammen. An der inneren Ecke lassen Sie 1 cm Nahtzugabe offen!
2. In der gleichen Weise setzen Sie alle vier Streifen aneinander – es entsteht ein Rahmen.
3. Nähte auseinander bügeln und die überstehenden Ecken zurückschneiden.
4. Nun bügeln Sie am inneren Rand des Rahmens die Nahtzugabe 1 cm um.
5. Legen Sie den Rahmen mit der rechten Seite auf die linke Seite des roten Stoffes, und verstürzen Sie die Außenkanten.
6. Nahtzugaben knapp zurückschneiden (an den Ecken schräg) und den Rahmen auf die rechte Stoffseite wenden.
7. Ecken gut herausdrücken und die Innen- und Außenkante des Streifens schmalkantig absteppen.

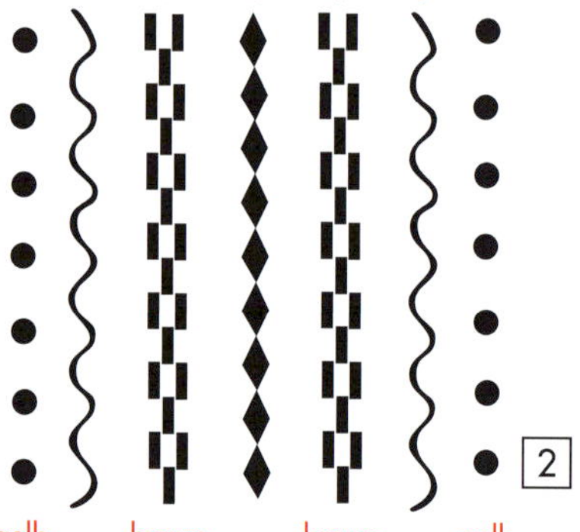

Alles für den Ostertisch

Schauen Sie genau hin, dann entdecken Sie viele kreative Ideen für Ostern. Wir nähen einen Kaffeewärmer mit passenden Servietten, einen großen und zwei kleine Eierwärmer in Form von Huhn und Hase. Die Einlage für den Brotkorb und die Ostertischdecke ergänzen das Arrangement.

Kaffeewärmer

Fertiges Maß
ca. 38 cm x 17 cm

Material

- 0,50 m gelber Baumwollstoff, 1,40 m breit
- Baumwollstoffreste in Rot, für die Tulpen (ca. 25 cm x 25 cm)
- 1,50 m gefalztes Schrägband in Orange (1 cm breit)
- 0,50 m Volumenvlies zum Wattieren, z.B. 248
- Vliesofix
- Maschinenstickgarn, Stärke 40, in Rot, Orange und Gelb
- Applikationsfuß
- Stickvlies
- Karton
- Vorlage s. Seite 76

Papierschnitt

1. Pausen Sie die Grundform des Kaffeewärmers sowie die Tulpe von Seite 76 ab. Der Kaffeewärmer wird an der Mittellinie gegengleich ergänzt.
2. Für die Applikation erstellen Sie sich von der Tulpe eine Schablone aus stärkerem Karton.

Zuschneiden

Grundform
2 x gelber Stoff
2 x Volumenvlies

Applizieren

1. Bügeln Sie auf die linke Seite der roten Stoffreste Vliesofix auf, und zeichnen Sie 4 Tulpen auf.
2. Schneiden Sie die Tulpen sorgfältig aus, ziehen Sie die Papierschicht ab, und platzieren Sie sie wunschgemäß auf einer der beiden Grundformen.
3. Tulpen aufbügeln.
4. Legen Sie nun eine Lage Volumenvlies und Stickvlies unter, und nähen Sie die Tulpen mit einem sehr dichten Zickzackstich (Länge 0,3 mm, Breite 3,0 mm) und mit Hilfe des Applikationsfußes entlang der Kanten sauber auf.
5. Wer will, stickt dicht neben den applizierten Tulpen noch mal einen Schatten in einer anderen Garnfarbe, dann wirkt die Tulpe noch plastischer. Der Zickzackstich bleibt gleich, verjüngt sich aber stark am Anfang und am Ende (Stichbreite während des Nähens von 1,0 bis 3,0 mm und umgekehrt verstellen).

Fertig stellen

1. Stickvlies entfernen.
2. Schneiden Sie das Volumenvlies an den unteren Kanten 1 cm zurück, bügeln Sie die Nahtzugaben 2 mal 1 cm um, und steppen Sie den Saum fest.
3. Fassen Sie für die Schlitze am Rückenteil die unteren 17 cm mit Schrägband ein.
4. Dazu Schrägband aufklappen, rechte Seite des Bandes auf linke Stoffseite legen, in der Bruchkante fest steppen, auf die andere Seite klappen und Nahtzugabe einschlagen.
5. Am unteren Ende nach innen schlagen und die Kanten knapp fest steppen.
6. Als nächstes legen Sie beide Grundformen links auf links aufeinander und heften sie ringsum bis zum Schlitz, damit beim Einfassen nichts verrutschen kann. Die noch offenen Kanten mit Schrägband ringsum einfassen. Dabei Anfang und Ende des Schrägbandes nach innen einschlagen und fest steppen.

Servietten mit Tulpenapplikation

Fertiges Maß 40 cm x 40 cm

Material

- gelber Baumwollstoff, 44 cm x 44 cm (inkl. 2 cm Nahtzugabe)
- Baumwollstoffreste in Rot und Grün für die Tulpen
- Maschinenstickgarn, Stärke 40, in Rot, Grün und Orange
- Vliesofix
- Applikationsfuß
- Karton
- Vorlage s. Seite 76

Applizieren

1. Verkleinern oder vergrößern Sie das Tulpenmotiv von Seite 76 auf die gewünschte Größe und erstellen Sie sich eine Schablone aus festerem Karton.
2. Verfahren Sie nun, wie bereits (in Schritt 1–5) in der Anleitung zum Kaffeewärmer beschrieben. Hier verwenden Sie aber kein Volumenvlies.

Fertig stellen der Serviette

1. Bügeln Sie zum Schluß nur noch die Kanten ringsum 2 x 1 cm nach links um, und steppen Sie sie schmalkantig ab.
2. Damit Sie sauber bis in die Ecken nähen können, ziehen Sie zuvor einfach einen kräftigen Faden durch die Ecken, mit Hilfe dessen Sie die Ecke unter dem Nähfuß durchziehen können (siehe Skizze). Faden anschließend einfach wieder entfernen.

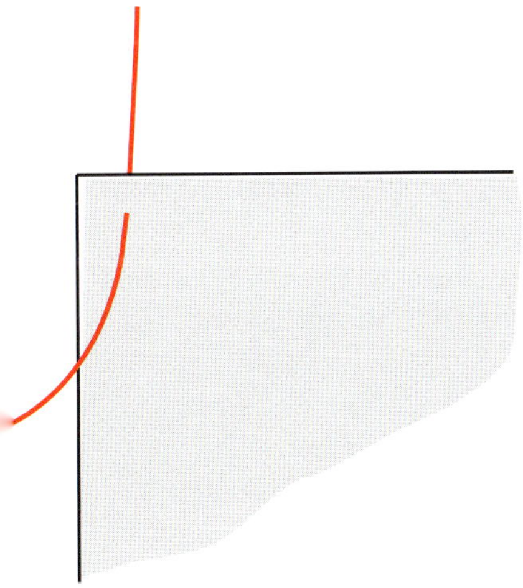

Großer Eierwärmer »Huhn«

Fertiges Maß ca. 25 cm x 35 cm

Papierschnitt

Pausen Sie alle Teile des Huhns von Seite 77 ab.

Material

- Baumwollstoffe in Gelb 15 cm x 15 cm, Grün 15 cm x 20 cm, Rot 35 cm x 30 cm und kariert 50 cm x 40 cm
- Volumenvlies zum Wattieren
- Stickvlies
- Füllwatte
- Applikationsfuß
- Kordonierfuß
- Einlauffaden
- Kopierpapier
- 2 Tieraugen zum Aufkleben
- Kieselsteine
- Vorlage s. Seite 77

Zuschneiden

Komplette Körperform
2 x aus Volumenvlies
2 x aus Stickvlies
Einzelne Rumpfteile
2 x aus entsprechendem Baumwollstoff (s. Foto)
Kamm, Schnabel und Kropf
2 x aus rotem Stoff und je
1 x aus Volumenvlies
Taschenbeutel
2 x aus Karostoff
Wir empfehlen 1 cm Nahtzugabe für alle Teile.

Nähen

1. Übertragen Sie mit Kopierpapier die Linien am Bauch des Huhnes auf den roten Stoff (rechte Seite).
2. Setzen Sie nun den Kordonierfuß ein, und legen Sie den Einlauffaden so in den Fuß ein, dass er vorne durch eine der Rillen geführt wird und hinten unter dem Nähfuß liegt.
3. Übernähen Sie den Einlauffaden mit einem schmalen, dichten Zickzackstich, entlang der Markierungen. Es entsteht eine schöne, sehr plastische Raupennaht.
4. Setzen Sie nun jeweils die Körperteile auf jeder Seite mit einem dichten Zickzackstich aneinander. Dabei unterlegen Sie das Volumenvlies und darunter noch einmal Stickvlies für besseren Transport.
5. Kamm, Schnabel und Kropf werden mit den jeweils dazu passenden Teilen verstürzt, wobei auch hier wieder Volumenvlies unterlegt werden muss.
6. Die Nahtzugabe sehr knapp zurückschneiden und wenden.
7. Steppen Sie die Körperteile rechts auf rechts zusammen. Dabei fassen Sie Kamm, Schnabel und Kropf laut Markierung dazwischen. Einsatz für den Taschenbeutel offen lassen.
8. Den Taschenbeutel zusammensetzen (Zahlen beachten!) und rechts auf rechts in das Huhn einnähen. Eine Naht des Beutels zum Wenden und Füllen etwas offen lassen.
9. Nun wenden Sie das ganze Teil und streichen die Nähte aus.
10. Zum besseren Stand Kieselsteine einlegen und Huhn mit Füllwatte füllen.
11. Öffnung im Taschenteil zunähen und Augen befestigen.

Kleiner Eierwärmer »Hase«

Fertiges Maß
ca. 15 cm x 17 cm

Material

- unifarbene Baumwollstoffreste
- Volumenvlies
- Reste von Füllwatte
- Maschinenstickgarn in unterschiedlichen Farben
- Kopierpapier
- Kordonierfuß
- ein Stückchen Blumendraht für die Ohren
- Tieraugen zum Aufkleben
- Vorlage s. Seite 76

Fertig stellen

1. Übertragen Sie die Konturen mit Kopierpapier von Seite 76 2 x auf den Stoff, einmal davon spiegelverkehrt.
2. Unterlegen Sie eine Stofflage mit Volumenvlies.
3. Die Linien von Pfoten, Schnauze und Ohr übernähen Sie mit dem Kordonierfuß. Genaue Beschreibung s. Anleitung »Huhn«.
4. Für die Nase reduzieren Sie in sehr kleinen Stufen die Breite des dichten Zickzackstiches von 7 mm auf 1,0 mm.
5. Die Augen können Sie fertig kaufen oder sticken. Dazu die Kontur des Auges in einem sehr dichten Zickzackstich (0,3 mm breit) sticken. Danach füllen Sie es aus, indem Sie die Breite des Zickzackstiches von 1,0 mm auf 7,0 mm in kleinen Stufen vergrößern.
6. Schneiden Sie nun die Hasenteile mit 1 cm Nahtzugabe ringsum aus.
7. Verstürzen Sie beide Teile, lassen Sie aber die untere Kante vom Schwanz bis zur Pfote offen.
8. Schneiden Sie die Nahtzugaben knapp zurück (an den Rundungen mehrmals quer zum Nahtverlauf einschneiden) und wenden Sie den Hasen.
9. Untere Nahtzugaben einschlagen und feststeppen.
10. Zum Schluss füllen Sie den Kopf des Hasen mit etwas Watte und schieben Sie ein Stück Blumendraht in die Ohren. Augen aufkleben.

Einlage für den Brotkorb

Fertiges Maß
40 cm x 40 cm

Material

- Grüner Baumwollstoff, 42 cm x 42 cm (inkl. Nahtzugabe)
- 4 gelbe Baumwollstoffstreifen, 42 cm x 6 cm (inkl. Nahtzugabe)
- Maschinenstickgarn in Grün
- Stickvlies
- Selbstlöschender Textilstift
- »creative fantasy«-Maxikarte A

Sticken

1. Markieren Sie sich mit einem selbstlöschenden Textilstift auf dem gelben Streifen eine Mittellinie in Längsrichtung (rechte Stoffseite!). Anfang und Ende sind jeweils 4 cm von der schmalen Kante entfernt.
2. Unterlegen Sie den Streifen mit Stickvlies und sticken Sie das Muster 5 mal über die Mittellinie auf.
3. Stickvlies entfernen.

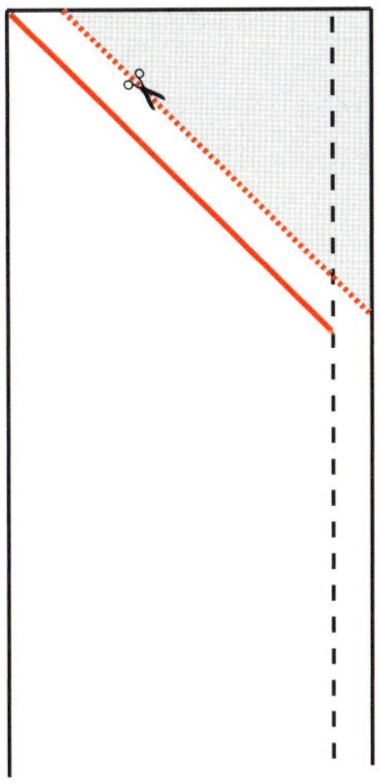

4. Legen Sie zwei Streifen rechts auf rechts aufeinander und nähen Sie die schmalen Kanten im 45°-Winkel zusammen. An der inneren Ecke lassen Sie 1 cm Nahtzugabe offen.
5. In der gleichen Weise setzen Sie alle vier Streifen aneinander – es entsteht ein Rahmen.

Fertig stellen

1. Bügeln Sie alle Nähte auseinander und schneiden Sie überstehende Ecken zurück.
2. Danach bügeln Sie am inneren Rand des Rahmens die Nahtzugabe 1 cm um.
3. Legen Sie den Rahmen mit der rechten Seite auf die linke Seite des grünen Stoffes und verstürzen Sie die Außenkanten.
4. Nahtzugabe knapp zurückschneiden (an den Ecken schräg!) und wenden.
5. Zum Schluss bügeln Sie die Ecken gut aus und steppen Innen- und Außenkante des Streifens noch einmal schmalkantig ab.

Tipp

Wer die Näh- und Stickmaschine »creative fantasy« besitzt, kann auch gekaufte Servietten ganz einfach mit einem Stickmotiv verzieren. Speziell zu Ostern finden Sie auf Motivkarte 12 lustige Osterhasen und florale Stickmotive.

Transparenter Fensterladen

Mit etwas handwerklichem Geschick und Kreativität im Umgang mit transparenten Stoffen zaubern Sie eine Fensterdekoration, die es so garantiert nicht zu kaufen gibt!

Das fertige Maß richtet sich nach Ihrem Fenster.

Material

Um Menge und Maße der benötigten Materialien zu ermitteln, messen Sie zuerst Ihr Fenster genau aus. Pro Fensterflügel werden 2 Holzrahmen gearbeitet, die später zusammengefügt werden.

Rahmen

- 16 Holzleisten (Stärke ca. 1 cm), auf Gehrung gesägt (Länge und Breite hängen von Ihrer Fenstergröße ab)
- Je 2 linke und rechte Scharniere
- Kleine Schrauben (Größe je nach Rahmenstärke)
- Tacker
- Holzleim
- Rahmenspanner (Baumarkt)
- Acrylfarbe, matt

Innenteile

- Glasbatist (Baumwolle) oder Seidenorganza (Stoffmenge je nach Fenstergröße)
- 2 m weißes Baumwoll-Bändchen, 5 mm breit
- Litzenfuß
- Nähgarn in Weiß
- Selbstlöschender Textilstift
- Bastelkleber

Erstellen der Innenteile

1. Übertragen Sie das Motiv (von Seite 77 oder einen eigenen Entwurf) auf den Glasbatist, indem Sie es unter den Stoff legen und mit dem Textilstift übertragen.
2. Nähen Sie nun das weiße Bändchen mit dem Litzenfuß (s. auch Seite 8) exakt entlang der Linie auf. Das Band wird von vorn durch die Öse eingefädelt und durch das vordere Loch nach hinten unter den Nähfuß geführt. Übernäht wird das Ganze mit dem Elastik-Zickzackstich (Länge 1,0 mm/ Breite 4,5 mm).
3. Anfang und Ende des Bändchens mit etwas Klebstoff fixieren und dann erst übernähen!

4. Überstehende Fäden auf die linke Seite ziehen, verknoten und vernähen.

Erstellen des Holzrahmens

1. Je 4 Holzleisten an der Gehrung zusammenleimen und in den Rahmenspanner einspannen. Sie erhalten den jeweiligen vorderen und rückwärtigen Rahmen.
2. Rahmen mit verdünnter Acrylfarbe lasieren, Innenseiten aussparen.

Fertig stellen der Fensterläden

1. Nun spannen Sie die Stoffteile zwischen vorderen und rückwärtigen Rahmen. Legen Sie dafür das Stoffteil auf die Innenseite des vorderen Rahmens und tackern Sie es fest. Wichtig: Beginnen Sie dabei immer in der Rahmenmitte, und tackern Sie jeweils zu den Ecken hin. So kann sich der Stoff nicht verziehen.
2. Danach legen Sie den rückwärtigen Rahmen darauf und befestigen ihn mit den kleinen Schrauben.
3. Zum Schluss seitlich die Scharniere anbringen und am Fenster entsprechend montieren.

Paravent

Mit einem dekorativen Stück Stoff – hier wurde transparenter Streifenstoff verwendet – und einem fertigen Gestell zaubern Sie ohne großen Aufwand einen romantischen Paravent. Das fertige Maß hängt von der Größe des Gestells und der gewünschten Fülle des Stoffs ab.

Sitzgarnitur im Landhausstil

Besitzerinnen einer »creative fantasy« können jetzt schnell und einfach tolle Quilteffekte zaubern mit den »creative fantasy«-Karten 29 und 50. Wir zeigen Ihnen, wie's geht.

Fertiges Maß
133 cm x 46 cm x 4 cm

Material

- ❖ 2,20 m Stoff in Rot, 1,50 m breit
- ❖ 0,80 m Stoff in Creme, 1,50 m breit
- ❖ 1,30 m Volumenvlies, 1,50 m breit
- ❖ Nylongarn
- ❖ Passendes Nähgarn
- ❖ Schaumstoff 2x 133 cm x 46 cm x 4 cm
- ❖ 60 cm Klettband
- ❖ Selbstlöschender Textilstift
- ❖ Stickvlies
- ❖ Maschinenstickgarn, Stärke 40, in Rot und Creme
- ❖ Bobbins No. 150
- ❖ »creative fantasy«-Karten Nr. 29 und Nr. 50

Zuschneiden

Rückenlehne

Rot

Vorderteil	6 x	25 cm x 25 cm
Vorderteil	1 x	8 cm x 133 cm
Rückwärtiges Teil	2 x	28 cm x 133 cm
Seitenteil	2 x	4 cm x 133 cm
Seitenteil	2 x	4 cm x 46 cm
Bänder	4 x	8 cm x 30 cm

Creme

Vorderteil	8 x	25 cm x 25 cm

Sitzkissen

Rot

Vorderteil	2 x	8 cm x 133 cm
Vorderteil	2 x	6,5 cm x 30 cm
Seitenteil	2 x	4 cm x 133 cm
Seitenteil	2 x	4 cm x 46 cm
Rückwärtiges Teil	2 x	28 cm x 133 cm
Bänder	4 x	8 cm x 30 cm

Creme

Vorderteil	4 x	30 cm x 30 cm

Wir empfehlen 2 cm Nahtzugabe für alle Nähte und Kanten.

Sticken

1. Die Quadrate mit Volumenvlies und Stickvlies unterlegen.
2. Die Mittelpunkte der Motive mit einem selbstlöschenden Textilstift markieren.
3. Die drei Lagen in den Stickrahmen spannen.
4. Motive nach Plan (s. Legende und Schema unten) mit Kontraststickgarn absticken. Stickvlies entfernen.

	»creative fantasy«-Karte	Motiv
a =	50	15
b =	29	6
c =	29	18
d =	29	22

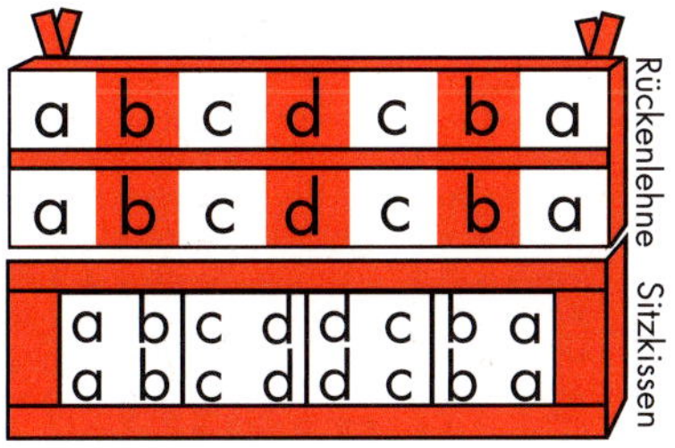

Nähen und fertig stellen

Rückenlehne

1. Nähen Sie die bestickten Quadrate laut Musterfolge aneinander. Es entstehen zwei Motivbänder.
2. Den roten Mittelstreifen mit Volumenvlies unterlegen und zwischen die Motivbänder nähen.
3. Die Nähte auf dem roten Streifen füßchenbreit absteppen. Wenn Sie mit der »creative fantasy« arbeiten, bietet sich hierfür der Quiltstich Nr. 11 an. Das funktioniert so: Verwenden Sie als Oberfaden unsichtbares Nähgarn (Nylongarn) und als Unterfaden Polyestergarn in einer Kontrastfarbe zum Oberstoff. Stellen Sie die Oberfadenspannung ganz fest (auf 8–9) und die Unterfadenspannung recht locker. Wenn Sie nun die Naht auf der Oberseite absteppen, sehen Sie nur den Dreifachstich aus Polyestergarn (farbig), der Zwischenstich verschwindet und bringt so den handgearbeiteten Effekt.
4. Nähen Sie nun ringsum die schmalen roten Streifen an. Dabei beginnen und enden Sie jeweils 1 cm vor der Stoffkante an der Ecke. Nahtenden gut vernähen.
5. Ecken senkrecht abnähen, ebenfalls 1 cm vor der Stoffkante enden.
6. Verschlussbänder ringsum verstürzen, dabei eine kurze Querseite zum Wenden offen lassen. Wenden und flach bügeln.
7. Für das rückwärtige Kissenteil schlagen Sie bei den roten Streifen (28 cm x 133 cm) je eine Längskante 2 cm und nochmals 3,5 cm um. Kante fest steppen.
8. Umgeschlagene Kanten rechts auf rechts 3 cm übereinander legen und die ersten bzw. letzten 10 cm zusammensteppen.
9. Auf die restliche Strecke verteilt, 3 Klettbandstreifen als Verschluss aufnähen. Nun legen Sie Rück- und Vorderteil rechts auf rechts und schieben die Befestigungsbänder dazwischen. (Wählen Sie den Ansatzpunkt dafür nach Ihrer Bank aus!)
10. Rückteil einnähen, Bezug wenden und den Schaumstoff einschieben.

Sitzkissen

1. Nähen Sie die bestickten Quadrate laut Musterfolge aneinander.
2. Rechts und links setzen Sie die mit Volumenvlies unterlegten roten Streifen (6,5 cm x 30 cm) an.
3. Ebenso verfahren Sie oben und unten mit den langen Streifen (8 cm x 133 cm).
4. Nähte flach bügeln und mit dem Quiltstich absteppen.
5. Die weitere Fertigstellung entspricht, bis auf die Befestigungsbänder, der Rückenlehne.

Regalvorhang mit Spitzeneinsatz

Ein schlichtes Regal verwandelt sich durch einen Vorhang mit applizierten Birnen und einer weißen Bordüre in ein nostalgisches Möbelstück.

Fertiges Maß
50 cm x 70 cm

Material

- 0,60 m Baumwoll-Karostoff, 1,40 m breit
- 0,20 m Baumwollstoff in Creme, 1,40 m breit
- 2,20 m Spitze in Creme, 6 cm breit, mit zwei geraden Kanten
- Reststück roter Stoff
- Stickvlies
- Vliesofix
- Maschinenstickgarn in Rot und Blau
- Passendes Nähgarn
- Schmalkantenfuß
- Biesen-/Zierstichfuß
- Offener Applikationsfuß
- Zwillingsnadel 1,6 / 80
- Kopierpapier
- Selbstlöschender Textilstift
- 2 m Baumwollband, 1,5 cm breit
- Vorlage s. Seite 76

Zuschneiden

Arbeiten Sie alle Nähte mit 2 cm Nahtzugabe. Für den Umschlag haben wir 5,5 cm zugegeben und für den Saum 2,5 cm.

Karostoff
2 x 45,5 cm x 54 cm (inkl. Nahtzugabe)
2 x 16,5 cm x 54 cm (inkl. Nahtzugabe)

Baumwollstoff in Creme
2 x 15 cm x 70 cm (inkl. Nahtzugabe)

Applizieren

1. Übertragen Sie das Birnenmotiv von Seite 76 mit Kopierpapier auf den roten Stoff.
2. Vliesofix unterbügeln und ausschneiden.
3. Papierschicht abziehen und das Motiv mittig auf das größere, karierte Stoffstück aufbügeln.

4. Nun mit Hilfe des Applikationsfußes (s. auch Seite 7) und einem dichten Zickzackstich applizieren.

Biesen

1. Nähen Sie, von der Mitte des cremefarbenen Streifens ausgehend, die Biesen ab: Biesen-/Zierstichfuß (s. auch Seite 7) einrasten. Zwillingsnadel einsetzen und 2 Oberfäden einlegen. Oberfadenspannung auf 5 erhöhen.
2. Mit dem selbstlöschenden Textilstift die erste Biese markieren und übernähen. Den genauen Abstand zu den folgenden Biesen können Sie ganz exakt arbeiten, indem Sie die vorhergehende Biese jeweils in der 3. Rille des Biesenfußes mitlaufen lassen.
4. Nach der 3. Biese lassen Sie einen Freiraum von 22 mm und beginnen erneut. Nähen Sie nun 3 Biesen im Abstand von 9 mm.
5. Fortlaufend laut Zeichnung nach rechts und links wiederholen, bis eine Streifenbreite von 54 cm erreicht ist.

Sticken

Die entstandenen Zwischenräume können Sie nun mit dekorativen Zierstichen Ihrer Nähmaschine füllen. Verwenden Sie hierfür wieder den Biesen-/Zierstichfuß (6 und 9 mm). Mit ihm platzieren Sie die Zierstiche exakt zwischen die Biesen. Wir haben die Zierstiche Nr. 94 und Nr. 89 der »creative fantasy« eingesetzt. Unterlegen Sie immer Stickvlies. Die Musteranordnung entnehmen Sie bitte der Zeichnung.

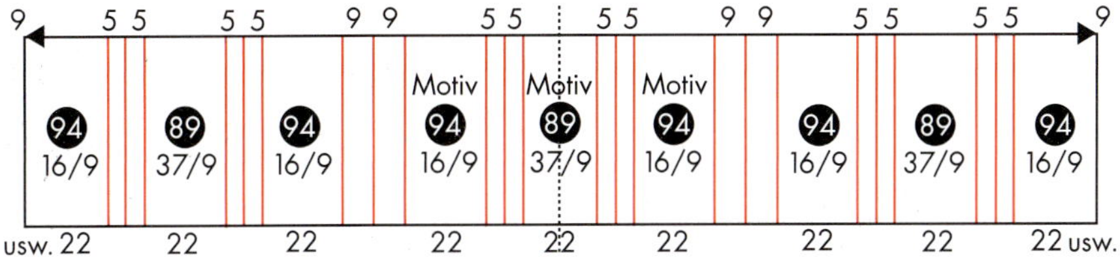

Fertig stellen

1. Versäubern Sie die Nahtzugabe an den Längskanten (54 cm) des verzierten Streifens und bügeln Sie sie um.
2. Ebenso die beiden langen Seiten (54 cm) der karierten Stoffteile verarbeiten.
3. Mit dem Schmalkantenfuß (s. auch Seite 8) nähen Sie je ein Stück Spitze (54 cm) an die karierten Stoffe an.

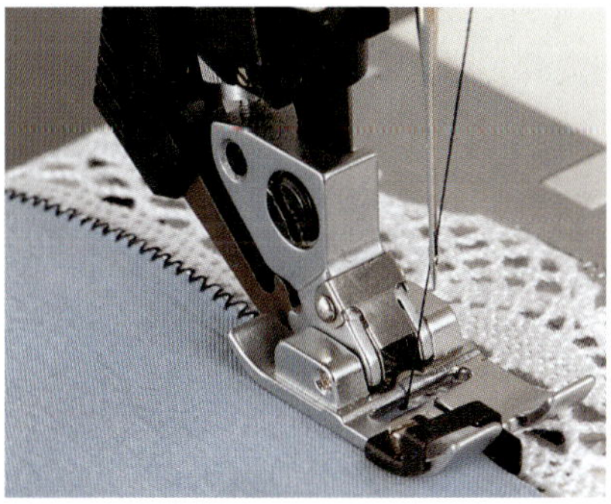

4. Zwischen die Spitzen setzen Sie den cremefarbenen Streifen.
5. Nun bügeln Sie die seitlichen Nahtzugaben des gesamten Stückes 2 x 1 cm um und steppen sie fest.
6. Saum und Umschlag bügeln und festnähen.
7. Baumwollband in 20 cm lange Stücke schneiden. Jeweils 2 übereinander legen und an der oberen Kante gleichmäßig verteilt annähen.

Utensilo

Der praktische Wandbehang bietet Ihnen viel Stauraum im Badezimmer. Besonders nützlich sind kleine Haken zum Aufhängen von Schmuck und der rote Behälter für Kosmetiktücher.

Fertiges Maß
80 cm x 93 cm

Material

- 1,80 m fester Baumwollstoff in Dunkelblau, 1,40 m breit
- 1,00 m fester Baumwollstoff in Hellblau, 1,40 breit
- 0,30 m x 0,50 m fester Baumwollstoff in Rot
- 1,00 m Vlieseline H 250
- 2 Holzbrettchen 18 cm x 12 cm x 0,5 cm
- 10 Metallnägel für die Schmuckaufhängung
- 0,50 m Klettband
- Zwillingsnadel 2,5/80
- Drillingsnadel 2,5/80
- Maschinenstickgarn in Dunkelblau, Hellblau und Weiß
- Bobbinfil
- Passendes Nähgarn

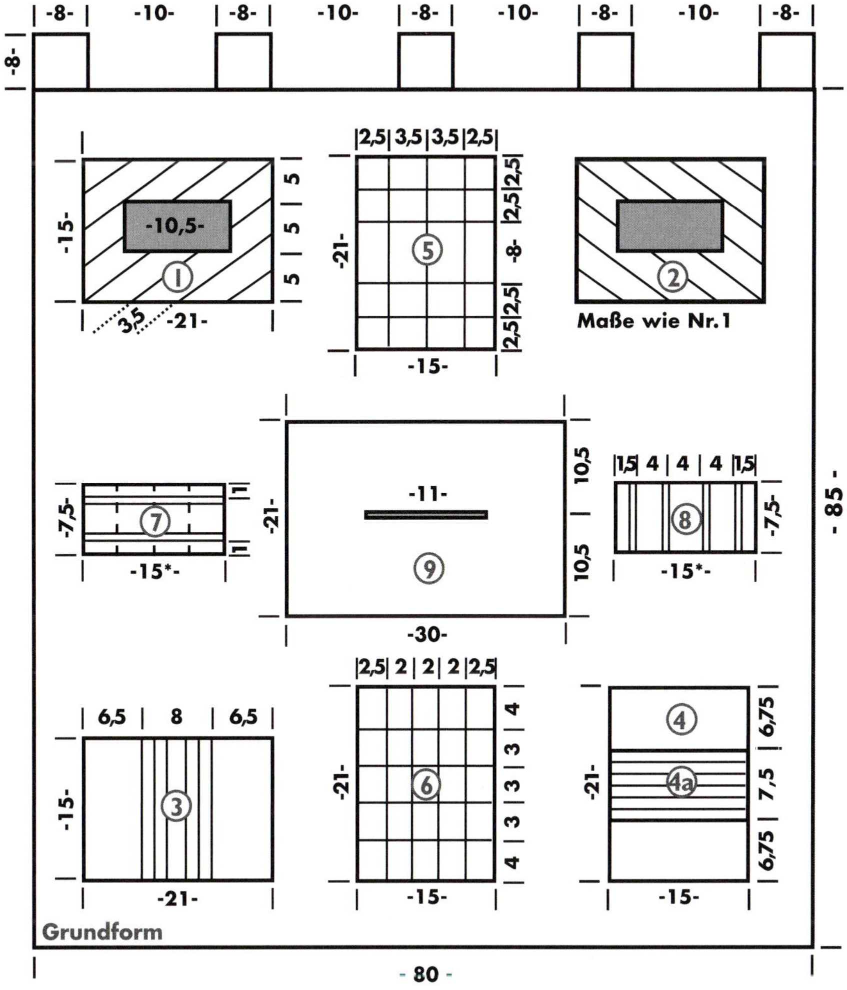

Alle Angaben in cm * Maß auf Grundform

Zuschneiden

Hellblau

Tasche 1, 2, 3
3 x 33 cm x 21 cm
Tasche 4, 5, 6
3 x 27 cm x 27 cm
Laschen 4a, 7, 8
3 x 25 cm x 19 cm
Beleg für die »Fensterchen« von Tasche 1 und 2
2 x 21 cm x 15 cm

Rot

Tasche 9
1 x 50 cm x 27 cm
Achtung: Die Falte ist hier 8 cm breit!

Dunkelblau

Grundform
2 x 84 cm x 89 cm
Aufhängelaschen
5 x 20 cm x 20 cm
Bezug für das Holzbrettchen
2 x 18 cm x 12 cm
Alle Maße sind inkl. 2 cm Nahtzugabe. Für den Taschenumschlag wurden 4 cm eingerechnet!
Verstärken Sie die obere Grundform mit Vlieseline. Ebenso alle 4 cm breiten Umschläge an den Taschenkanten.

Sticken

Hier kommen nun Zwillings- und Drillingsnadel zum Einsatz. Bevor Sie die einzelnen Taschen besticken, sollten Sie Ihre Lieblingsmuster auf ein paar Reststückchen ausprobieren. Für die Zwillingsnadel benötigen Sie zusätzlich einen zweiten, für die Drillingsnadel einen dritten Garnrollenhalter.
Wichtig bei der Musterwahl! Die Nadel darf seitlich nicht auf dem Nähfüßchen aufschlagen, sonst bricht sie ab. Darauf müssen Sie bei der Musterwahl unbedingt achten! Bevor Sie also richtig losnähen, sollten Sie zur Sicherheit langsam und vorsichtig (am besten mit dem Handrad) testen, wie weit die Nadel jeweils seitlich ausschlägt.

Wir haben die Taschen mit Zierstichen der »creative fantasy« bestickt. Sie können selbstverständlich auch andere Zierstiche Ihrer Nähmaschine benutzen. Hier die genauen Angaben zu den Nähprogrammen der »creative fantasy«. Die Position bzw. Anordnung der Muster auf den Taschen entnehmen Sie bitte der Skizze von Seite 53.

Muster der Zwillingsnadel

Tasche/ Lasche	Programm	Länge	Breite
Nr. 1	73	25	6
Nr. 2	65	18	6
Nr. 3	73	12	6
	22	3	5
	62	12	6
Nr. 4	65	18	6
	22	3	5
	73	25	6

Muster der Drillingsnadel

Tasche/ Lasche	Programm	Länge	Breite
Nr. 5	14	2	6
Nr. 6	02	2	6
Nr. 7	12	1,5	5,5
Nr. 8	5	1	5

Tipp

Verwenden Sie stets sehr kontrastreiche Garnfarben. Die Bordüren werden umso plastischer!

Nähen

Erstellen der Grundform

1. Verstürzen Sie die 5 Aufhängelaschen. Dann wenden und bügeln.
2. Laschen zur Hälfte legen und zeichengemäß auf die verstärkte Grundform heften.
3. Legen Sie die zweite Grundform mit der rechten Seite darauf. Nun steppen Sie ringsum, lassen aber an der unteren Kante eine Öffnung von 30 cm.
4. Grundform wenden und die Kante knapp absteppen.

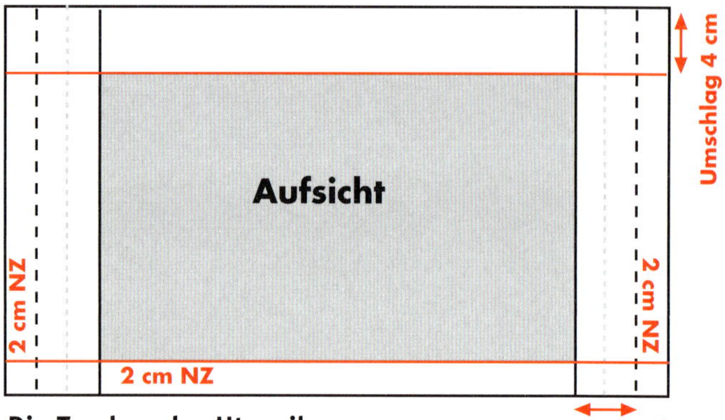

Die Taschen des Utensilos

Erstellen der einzelnen Taschen

Die Taschen des Utensilos sind alle nach folgendem Prinzip gearbeitet:

1. Laschen 4a, 7, 8 in Längsrichtung rechts auf rechts legen und verstürzen. Wenden und flachbügeln.
2. Lasche 4 mittig auf die entsprechende Tasche legen. Die Weite gleichmäßig verteilen, so dass 4 Schlaufen entstehen. Senkrecht durchsteppen und die Schlaufen dabei fixieren.
3. Lasche 7 entsprechend Lasche 4 an der markierten Stelle aufnähen.
4. Lasche 8 so aufnähen, dass eine große Schlaufe entsteht.
5. Taschen 1 und 2: Belegstück auf die Taschenaufsicht legen und mittig ein Rechteck von 10,5 x 5 cm abnähen. Inneres Rechteck herausschneiden, dabei 1 cm stehen lassen und bis in die Eckpunkte einschneiden. Beleg nach innen schlagen und die Kante knapp absteppen.
6. Tasche 9: Arbeiten Sie für den Eingriff mittig ein 11 cm langes Knopfloch ein. Benutzen Sie einen engen Zickzackstich (Länge 0,35 mm, Breite 3,0 mm).
7. Alle Taschen ringsum versäubern. Bügeln Sie den Umschlag an der Oberkante und die Nahtzugaben um. Legen Sie die Falten ein (s. Skizze unten). Faltenaußenbruch knappkantig absteppen (A → B).
8. Nun die Taschen auf der Grundform anordnen und feststecken, die Falte jeweils öffnen und die senkrechte Kante (C → D) knappkantig aufnähen. Falten wieder einlegen, dann die untere Querkante (B → B) aufnähen.
9. Befestigen Sie die dunkelblauen Bezugstücke auf den Holzbrettern (aufkleben oder fest tackern), und schlagen Sie die Nägel ein. Brettchen vorsichtig in die Taschen 1 und 2 stecken.

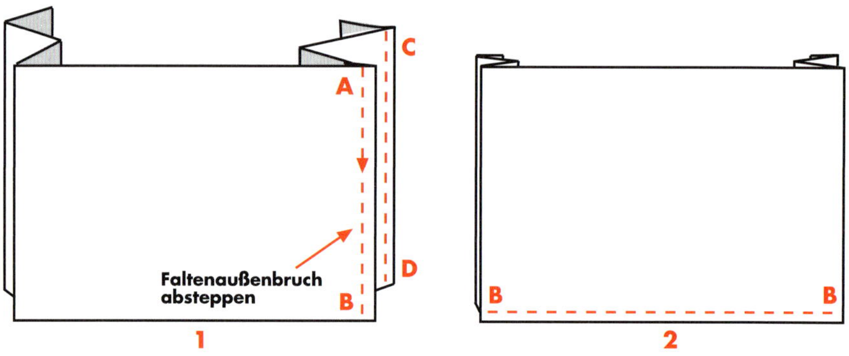

Kulturbeutel

Die meisten Kulturbeutel sind zu klein. Hier ist die Tasche, in die alles reinpasst. Sie hat einen Reißverschluss, der von beiden Seiten zu öffnen ist und einen doppelten Henkel. Ob Baumwoll-, Markisenstoff oder Wachstuch – beim Material haben Sie die freie Wahl.

Fertiges Maß geschlossen 39 cm x 29 cm x 9 cm

Material

- 1,00 m fester Baumwoll- oder Markisenstoff, 1,40 m breit
- 1,00 m feste Vlieseline, S 520
- 0,80 m Kordel in Weiß, Ø 75 mm
- 2,50 m fertige Paspel in Weiß
- 0,45 m Gummiband, 4 cm breit
- 0,65 m Gummiband, 6 cm breit
- 2 teilbare Reißverschlüsse, Länge 48 cm
- 2 große Ösen, Ø 1 cm
- Passendes Nähgarn

Schnitt

Stellen Sie einen Papierschnitt entsprechend den Skizzen her.

Zuschneiden

Grundform a)
2 x Stoff, 1 x Vlieseline
Streifen b)
4 x Stoff, 2 x Vlieseline
Klappe c)
4 x Stoff, 4 x Vlieseline
Nahtzugaben an allen Kanten 1,5 cm.

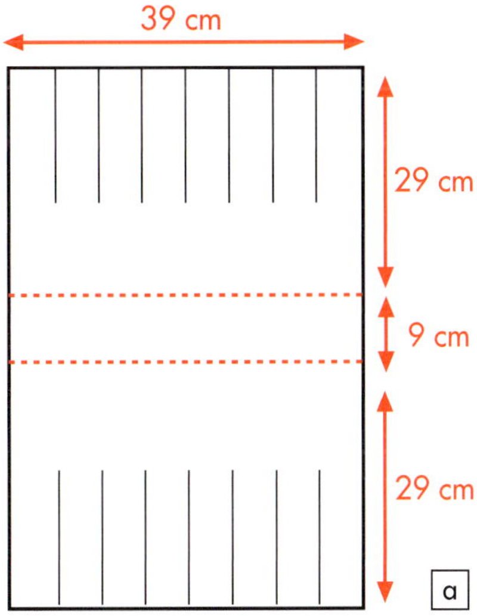

Nähen

1. Vlieseline auf die entsprechenden Teile aufbügeln. Die so verstärkten Schnittteile werden als Außenteile verwendet.
2. Steppen Sie die Gummibänder gemäß der Skizze auf Seite 56 auf das Innenteil auf. Das schmale Gummiband liegt glatt auf, das breite wird in Schlaufen gelegt und aufgenäht.
3. Bügeln Sie die Nahtzugabe an einer Längskante und an beiden Querkanten der Seitenstreifen (Teil b) um.
4. Die Streifen rechts auf rechts an die Grundformen nähen, dabei liegt die gebügelte Kante außen. Das

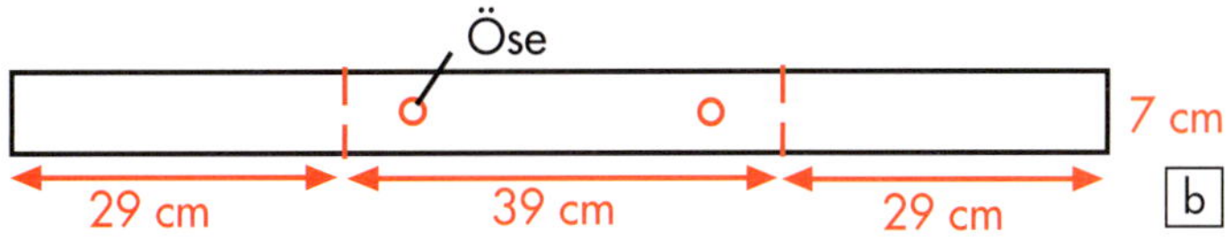

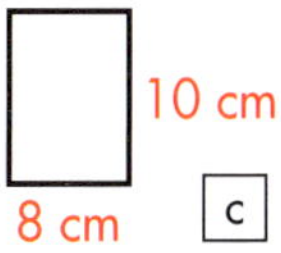

Bodenteil bleibt frei. Am Außenteil wird bei dieser Naht die Paspel mitgesteppt.

5. Innen- und Außenteil links auf links legen und an den Kanten die Reißverschlüsse so unterheften, dass man sie von der oberen Mitte ausgehend nach beiden Seiten öffnen kann. Reißverschlüsse schmalkantig fest steppen.

6. Verstürzen Sie je zwei Klappenteile, wobei je eine 8 cm breite Seite zum Wenden offen bleibt. Nahtzugabe zurückschneiden, Klappen wenden, Kanten bügeln und absteppen. Nahtzugabe am freigebliebenen Bodenteil einschlagen, Klappe dazwischenschieben und festnähen.

7. Steppen Sie nun im Nahtschatten der Seitenstreifen die beiden Grundformen aufeinander. (Ecken dabei aussparen.) Das geht am besten mit dem Reißverschlussfüßchen.

8. Ösen einschlagen (das geht am einfachsten mit der Vario-Zange von Prym). Kordel in zwei gleich große Teile schneiden, durch die Ösen ziehen und die Enden jeweils mit einem Knoten sichern.

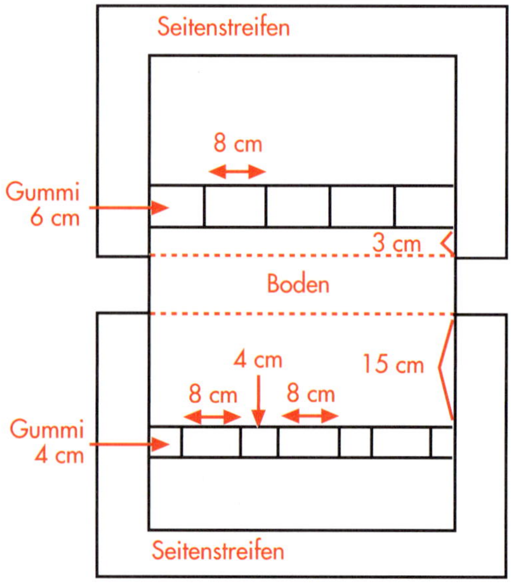

Badematte in Flechtoptik

Die geflochtene Badezimmermatte nähen Sie ganz einfach in den Farben Ihres Badezimmers. Die Baumwollstreifen werden einzeln angefertigt, mit Volumenvlies gefüllt und zum Schluss zusammengefügt.

Fertiges Maß 110 x 70 cm

Material

Verwenden Sie für die Badematte robuste Baumwollstoffe. Eventuell vor dem Verarbeiten waschen, da manche Stoffe eingehen und vielleicht nicht farbecht sind.

- 1,50 m in Weiß, 1,40 m breit
- 1,50 m in Orange, 1,40 m breit
- 1,70 m in Türkis, 0,90 m breit
- 3 m Volumenvlies, 1,50 m breit
- Passendes Nähgarn
- Klebeband

Zuschneiden

Weiß	2 x	110 cm x 11 cm
Weiß	8 x	70 cm x 11 cm
Orange	10 x	110 cm x 11 cm
Türkis	12 x	70 cm x 11 cm
Türkis	2 x	110 cm x 11 cm für die Umrandung
Türkis	2 x	70 cm x 11 cm für die Umrandung

Wir empfehlen als Nahtzugabe 1 cm. Schneiden Sie für alle Stoffstreifen Volumenvlies in entsprechender Länge und Breite zu.

Nähen

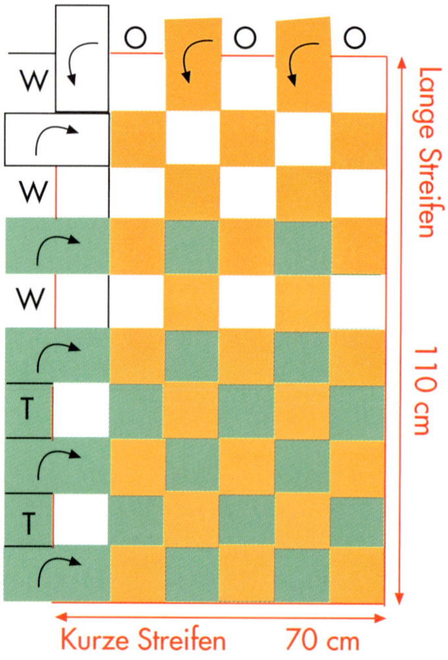

O = Orange T = Türkis W = Weiß

1. Legen Sie zwei gleichfarbige Stoffstreifen rechts auf rechts aufeinander und legen Sie zusätzlich je eine Lage Volumenvlies auf jeden Stoffstreifen.

2. Steppen Sie die Längsseiten ab. Eine Querseite schließen Sie mit großen Heftstichen als Hilfsnaht zum Wenden.

3. Mit Hilfe eines Kochlöffels die Streifen auf die rechte Seite drehen.

Hilfsnaht auftrennen. Kanten bügeln. So entstehen 6 wattierte lange Streifen und 10 kurze Streifen. Legen Sie diese entsprechend der Abbildung nebeneinander und übernähen Sie je eine Seite.

4. Verflechten Sie die Streifen miteinander und nähen Sie dann die gegenüberliegenden Kanten fest. Zum Schluss wird die geflochtene Matte mit den wattierten Umrandungsstreifen eingefasst.

Tipp

Fixieren Sie die Streifen vor dem Zusammennähen mit Klebestreifen!

Baby-Patchworkdecke

Pastellfarbene Karo- und Streifenstoffe werden kunterbunt kombiniert und mit lustigen Motivapplikationen versehen. Damit das Ganze schön kuschelig wird, unterlegen Sie einfach Volumenvlies. Fertig ist eine leichte Bettdecke oder eine Krabbeldecke für die Spielecke.

Fertiges Maß 0,72 m x 1,00 m

Material

Baumwollstoffe in verschiedenen Farben

- 0,20 m x 1,40 m Karostoff Hellblau (großes Karo)
- 0,20 m x 1,40 m Karostoff Hellblau (kleines Karo)
- 0,25 m x 1,40 m Streifenstoff Orange
- 0,30 m x 1,40 m in Gelb
- 0,20 m x 1,40 m in Royalblau
- 1,25 m x 1,40 m in Orange
- Vliesofix
- Stickvlies
- Applikationsfuß
- Nähgarn in Orange und Weiß
- Maschinenstickgarn für die Applikationen
- Unsichtbares Nähgarn für den Quiltstich
- 0,70 m x 1,50 m Volumenvlies, 248
- Vorlagen s. Seite 74

Papierschnitt

Fertigen Sie für die einzelnen Quadrate aus festem Karton eine Schablone, 16 cm x 16 cm groß (inkl. 1 cm Nahtzugabe).

Zuschneiden

Rückseite Orange
1 x 76 cm x 104 cm
Volumenvlies
1 x 70 cm x 98 cm

Mit Hilfe der Schablone schneiden Sie folgende Quadrate aus:

Hellblaues Karo (groß)	8 x
Hellblaues Karo (klein)	6 x
Streifenstoff	8 x
Gelb	8 x
Orange	5 x

Pausen Sie die Applikationsmotive von Seite 74 auf das Vliesofix, bügeln Sie sie auf die entsprechenden Stoffe und schneiden Sie sie aus. Im weiteren Arbeitsablauf immer erst die Papierschicht abziehen und dann das Stoffstück auf die entsprechenden Quadrate aufbügeln (Ausnahme Schmetterling).

Applizieren

1. Stoffquadrate mit Stickvlies unterlegen und die Motive applizieren. Verwenden Sie dazu den Applikationsfuß zusammen mit einem sehr dichten Zickzackstich (Länge 0,4 mm/Breite 1,5 mm). Bei engen Rundungen empfiehlt es sich, die Nadel im Stoff stehen zu lassen (z. B. mit der Taste »Nadelhoch-/-tiefstellung«) und den Stoff bei angehobenem Nähfuß leicht zu drehen.
2. Die »Körperlinien« der Schmetterlinge auf die entsprechenden Quadrate übertragen und mit einem Zickzackstich (Länge 0,35 mm/Breite 4,5 mm) übernähen. Unterlegen Sie dabei 3 Lagen Stickvlies. Nachdem die Flügel appliziert sind, können Sie Punkte aufnähen, falls Ihre Maschine über einen solchen Stich verfügt. Wir haben dafür aus der Pfaff »tiptronic 2030« den Stich Nr. 42, Ø 9 mm bzw. 8 mm gewählt.
3. Die Flügel der Küken steppen Sie mit dem 3-fach Geradstich auf. Das Auge wurde ebenfalls mit dem Stich Nr. 42, Ø 8 mm genäht.

Übrigens
Wer die Pfaff Näh- und Stickmaschine »creative fantasy« besitzt, kann anstatt zu applizieren natürlich auch sticken. Auf den Motivkarten finden Sie eine große Auswahl an traumhaften Kindermotiven, zum Beispiel Nr. 22 »Kinder«, Nr. 32 »Baby«, Nr. 1 »Fantasy«, Nr. 42 »Martha Pullen« u.v.m.

Nähen

1. Verbinden Sie nun jeweils 5 Stoffquadrate zu einer Querreihe. Nahtzugaben auseinander bügeln. Sie erhalten 7 Streifen.
2. Diese Streifen setzen Sie danach zur kompletten Decke zusammen.

Beachten Sie dabei, dass die Nähte aufeinandertreffen. Nahtzugaben auseinander bügeln.
3. Unterlegen Sie nun das Volumenvlies und die orangefarbene Rückseite. Diese schneiden Sie soweit zurück, dass ringsum 3 cm Stoff übersteht.
4. Stofflagen an den Kanten zusammenheften.
5. Bügeln Sie die überstehenden Kanten des Unterstoffes 1,5 cm um, und schlagen Sie sie auf die Oberseite.
6. Ecken einlegen, den Streifen ringsum feststecken und von der rechten Seite knappkantig aufnähen.

Quilten

1. Einen schönen Effekt erzielen Sie, wenn Sie einige Quadrate mit dem Quiltstich hervorheben.

2. Heften Sie die Decke mit großen Spannstichen zusammen, damit sich die Lagen nicht verschieben können.
3. Spulen Sie Nähgarn in der gewünschten Farbe auf, und stellen Sie die Unterfadenspannung etwas lockerer. Als Oberfaden verwenden Sie unsichtbares Nähgarn. Die Oberfadenspannung auf 7–8 stellen.
4. Wählen Sie den Quiltstich an, und steppen Sie die entsprechenden Quadrate ab. Die Fäden am Nahtende auf die Rückseite ziehen, verknoten und vernähen.

Tipp

Wenn Sie langsam nähen, erhalten Sie ein noch schöneres Stichbild!

Kindergarderobe

Hier weiß jeder gleich, wo seine Jacke hängt. Die Riesenbuchstaben werden gestickt, die Hundeköpfe appliziert.

Fertiges Maß
64 cm x 44 cm

Material

- 55 cm x 35 cm Stoff in Gelb
- Stoffrest gestreift
- Filz in Schwarz, Weiß, Blau und Rot
- Lederrest in Beige
- Wolle in Bordeaux
- Maschinenstickgarn, Stärke 40, in Orange, Rot, Blau, Schwarz, Weiß und Beige
- Bobbinfil
- Stickvlies
- Applikationsfuß
- Avalon
- Folienstift
- Sublimierkreide
- »creative fantasy«-Karte Nr. 71 »Monogramme« (2. Alphabet, vergrößert)

Für den Rahmen

- Holzplatte, Außenmaße: 64 cm x 44 cm, Innenmaße: 42 cm x 22 cm (im Baumarkt zuschneiden lassen), Stärke 16 mm
- Acryllack, seidenmatt in Blau
- 3 Haken bzw. Holzknäufe
- Lackierrolle, Pinsel, Tacker, Schrauben
- Rahmenaufhängung
- Tacker
- Vorlagen s. Seite 79

Vilac
TIM LEA KAI

Sticken der Buchstaben

1. Säumen Sie das gelbe Rechteck. Ziehen Sie mit der Sublimierkreide 10 cm parallel zur Saumkante eine Linie, die die Mitte der Buchstaben markiert.
2. Beginnen Sie nun mit dem Absticken der Buchstaben. Ordnen Sie die Namen so an, dass sie innerhalb des Rahmens platziert sind.
3. Achten Sie darauf, dass die Abstände der Buchstaben zueinander nicht zu groß werden!
4. Spannen Sie zum Sticken immer eine Lage Stickvlies mit ein.

Tipp

Wenn Sie mit dem »creative fantasy big« arbeiten, können Sie mehrere Buchstaben nacheinander sticken, ohne den Stoff neu einzuspannen (s. Seite 7). Noch plastischer wird das Monogramm, wenn Sie zum Sticken Puffy-Material (s. Seite 9) auf die zu bestickende Fläche auflegen.

Applizieren

1. Pausen Sie die Tierformen von Seite 79 mit dem Folienstift auf das Avalon und schneiden Sie sie aus.
2. Platzieren Sie die Vorlage an der entsprechenden Stelle, stecken Sie sie ringsum fest und unterlegen Sie den Stoff bzw. Filz für die Applikation.
3. Nähen Sie nun mit einem kleinen Geradstich (Länge 1,5 mm) sorgfältig über die Kontur.
4. Bei engen Rundungen empfiehlt es sich, die Nadel im Stoff stehen zu lassen (z.B. mit der Taste »Nadelhoch-/-tiefstellung«) und den Stoff bei angehobenem Nähfuß leicht zu drehen.
5. Gesichtskonturen werden mit dem 3-fach Geradstich (Länge 2,5 mm) durch die Folie genäht.
6. Folie wegreißen und 1 mm neben der Naht den überstehenden Stoff zurückschneiden.
7. Verschiedene Farbflächen werden nach dem gleichen Prinzip übereinander gearbeitet.
8. Die Kappe von »Lea« steppen Sie mit einem dichten Zickzackstich (Länge 0,3 mm / Breite 2,5 mm) auf. Schieben Sie dabei an beiden Seiten ein Bündel »Haare« mit ein. Erst dann die Schleifen darüber nähen.

Rahmen

1. Lassen Sie sich aus einer Holzplatte den Rahmen zurechtsägen.
2. Markieren Sie an der Unterseite des Rahmens 3 Stellen für die Haken, so dass jedem Namen eine Aufhängung zugeordnet werden kann.
3. Bohren Sie die Löcher etwas vor und montieren Sie die Haken.
4. Anschließend auf der Rückseite an den äußeren, oberen Kanten jeweils eine Befestigung anbringen.
5. Streichen Sie nun die Vorderseite inklusive der Außen- und Innenkanten mit blauem Acryllack an. Am besten geht das mit einer Rolle. Für die Haken verwenden Sie einen Pinsel. Sie können kompliziertere Stellen damit besser erarbeiten.
6. Jetzt nur noch den Stoff mit der lustigen Applikation auf der Rückseite des Rahmens fest tackern. Achtung: Straff spannen, um Unebenheiten im Stoff zu vermeiden!

Stuhlkissen mit Seelöwen-Applikation

Jetzt heißt es »Sitzen bleiben« – und das fällt auf diesem lustigen Kissen bestimmt nicht schwer. Es wurde für einen Kinderstuhl mit einer Sitz- und Lehnenfläche von 30 cm x 32 cm gefertigt. Überprüfen Sie vor Beginn Ihre Stuhlmaße und stimmen Sie die Formate entsprechend ab.

Das fertiges Maß hängt von der Größe des Stuhls ab.

Material

- 80 cm fester Baumwollstoff in Gelb, 1,40 m breit
- 30 cm x 50 cm fester Baumwollstoff in Orange
- Stoffreste in Weiß und Schwarz
- Reste von schwarzer Wolle oder Kordel
- Vliesofix
- Offener Applikationsfuß
- Fransenfuß
- Litzenfuß
- Kopierpapier
- Passendes Näh- und Maschinenstickgarn, Stärke 40
- 4 Schaumstoffplatten, 2,5 cm hoch, 30 cm x 32 cm
- Vorlage s. Seite 78

Papierschnitt

Pausen Sie das Seelöwen-Motiv von Seite 78 ab.

Zuschneiden

Grundform für Stuhlkissen
4 x Gelb 34 cm x 36 cm (inkl. 1 cm Nahtzugabe)
Bindebänder für Lehne
2 x Gelb 4 cm x 30 cm (inkl. 1 cm Nahtzugabe)
Bindebänder für Sitzfläche
2 x Gelb 4 cm x 17 cm (inkl. 1 cm Nahtzugabe)

Kopf *	1 x Orange
Pfoten *	2 x Orange
Augen (außen) *	2 x Weiß
Augen (innen) *	2 x Schwarz
Stoßzähne*	2 x Weiß

Wir empfehlen 1 cm Nahtzugaben für alle Nähte und Kanten.

* Alles mit Vliesofix unterlegen. Im weiteren Arbeitsablauf immer erst die Papierschicht abziehen und dann das Stoffstück aufbügeln.

Applizieren

Verwenden Sie für alle Applikationen den offenen Applikationsfuß mit

einem engen Zickzackstich. (Länge 0,3 mm, die Breite richtet sich nach der Größe des aufzunähenden Teiles.)

1. Platzieren Sie den Kopf mittig auf einem gelben Stoffteil und applizieren Sie ihn.
2. Ebenso die Augen und die Stoßzähne applizieren.
3. Übertragen Sie mit Kopierpapier die Linien für Schnurrbart, Nase und die Bartstoppeln direkt auf das Kopfteil.
4. Die Nase arbeiten Sie mit dem Fransenfuß (s. Seite 7). Er wurde speziell zum Nähen von Fransen und Schlingenstickerei entwickelt. Mit ihm füllen Sie die Nase perfekt aus. Verwenden Sie hierfür einen Zickzackstich Länge 0,4 / Breite 2,0 / Spannung 2, ohne Obertransport.
5. Arbeiten Sie die ausgefüllten Flächen kreisförmig von außen nach innen. Dabei liegt der genähte Flor links, und Sie nähen mit knappem Abstand daneben.
6. Drücken Sie den Flor eventuell mit einer geöffneten Schere etwas herunter, damit er glatt unter das Füßchen läuft und nicht übernäht wird.
7. Für die Schnurrbarthaare haben wir den einseitig geschlossenen Gräserstich ausgewählt (»creative fantasy« Nr. 79). Sie können aber auch einen einfachen Zickzackstich verwenden. Nähen Sie knapp unterhalb der gezeichneten Linien, und ändern Sie die Stichbreite beim Nähen von 4,0 auf 9,0 mm.
8. Die schwarze Kordel/Wolle nähen Sie mit dem Litzenfuß folgendermaßen auf: Die Kordel wird von vorne durch die Öse eingefädelt und durch das vordere Loch nach hinten unter den Nähfuß geführt. Übernäht wird das Ganze mit einem Zickzackstich, Länge 2 mm, in der Breite der Kordel.
9. Steppen Sie die Kordel genau über den gezeichneten Linien auf. Die Kante des Gräserstiches wird dadurch etwas überdeckt, und es entsteht ein sauberer Übergang.
10. Für die Bartstoppeln verwenden Sie einen Ihrer Zierstiche der ungefähr kreisförmig ist und nähen ihn als Einzelmuster auf. Wir haben den Stich Nr. 128 (Länge 14, Breite 9), der »creative fantasy« verwendet.

11. Platzieren Sie die Pfoten auf den Kissenstoff, und nähen Sie sie fest.
12. Übertragen Sie die Linien für die Finger mit Kopierpapier auf die Pfoten und nähen Sie den Zierstich und die Kordel wie die Schnurrbarthaare auf.

Fertig stellen

1. Schlagen Sie die Nahtzugabe an den Längskanten der Bindebänder ein, und legen Sie den Streifen zur Hälfte = 1 cm fertige Breite. Knappkantig zusammensteppen. Enden versäubern.
2. Legen Sie ein appliziertes und ein glattes Kissenteil rechts auf rechts und schieben Sie die Befestigungsschlaufe dazwischen. Bitte wählen Sie den Ansatzpunkt dafür entsprechend Ihrem Kinderstuhl!
3. Nun steppen Sie ringsum, lassen aber in der hinteren Mitte eine Öffnung von 15 cm.
4. Legen Sie an den Ecken jeweils die zwei Teile aufeinander und steppen Sie die Spitze 2 cm quer ab.

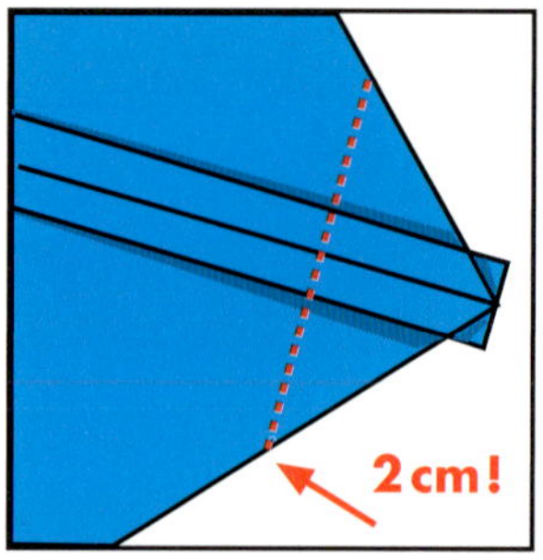

5. Stuhlkissen durch die Öffnung wenden, Schaumstoffplatte hineinschieben und die Öffnung von Hand schließen.
6. Das zweite Kissen ebenso arbeiten. Achtung: Evtl. den Ansatzpunkt für die Bindebänder verändern.

Tipp

Sie können die Befestigungsschlaufe und Bindebänder mit Stretch-3fach-Geradstich nähen, wegen der besseren Strapazierfähigkeit!

Dinkelkissen für Kinder

Das Innenleben von Frosch und Prinzessin besteht aus Dinkel. Steckt man das Ganze in den Backofen, speichern die Kerne die Wärme. Das Kissen wird mit ins Bett genommen, und die Kleinen haben es die ganze Nacht kuschelig warm.

Frosch

Fertiges Maß 25 cm x 20 cm

Material

- 1 Dinkelkissen ca. 25 cm x 20 cm (Naturkostladen)
- 1 m x 0,50 m Frottier in Grün
- Rest Frottier in Weiß
- 20 cm x 20 cm Baumwollstoff in Gelb
- Rest Baumwollstoff in Schwarz
- Etwas Füllwatte und Volumenvlies
- 5 cm Klettband, 2 cm breit
- Applikationsfuß
- Maschinenstickgarn, Stärke 40, in Schwarz und Weiß
- Stickvlies
- Avalon
- Vliesofix
- Folienstift
- Passendes Nähgarn
- Vorlage s. Seite 80

Papierschnitt

Fertigen Sie nach der Vorlage von Seite 80 einen Schnitt an.

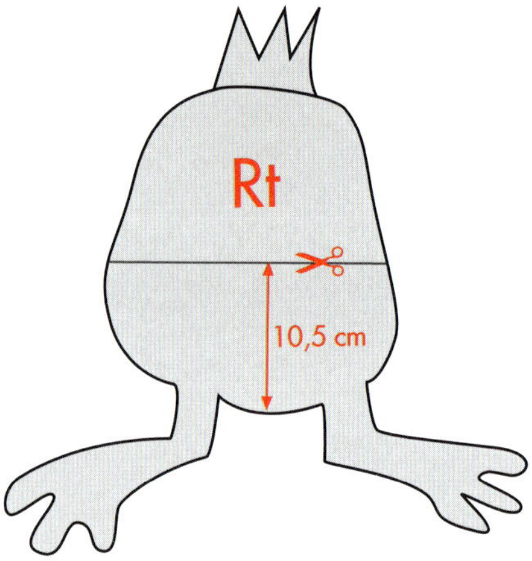

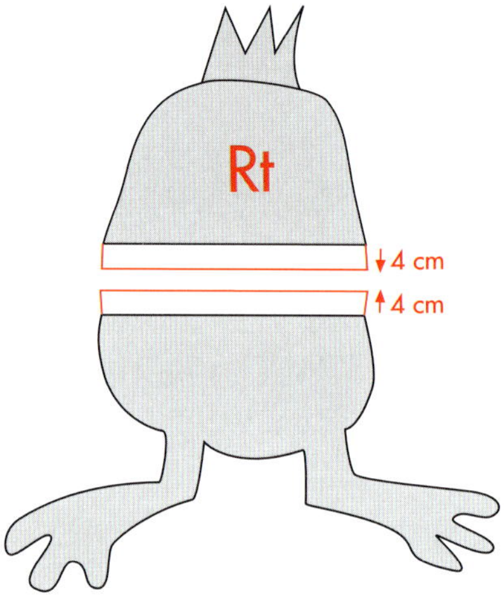

Zuschneiden

Komplette Form	1 x	Grün
Rückseite Oberteil	1 x	Grün
Rückseite Unterteil	1 x	Grün

Augen

2 x Weiß, mit Vliesofix unterbügeln

Pupille

2 x Schwarz, mit Vliesofix unterbügeln

Krone

2 x Gelb

1 x Volumenvlies

Wir empfehlen 1 cm Nahtzugabe für die Froschformen.

Applizieren

1. Alle Applikationen und Konturen wurden mit einem dichten Zickzackstich gearbeitet, Länge 0,4 mm, die Breite richtet sich nach der Größe des aufzunähenden Teiles.
2. Unterlegen Sie für einen besseren Stofftransport auf jeden Fall immer Stickvlies.
3. Die Pupillen bügeln Sie auf ein Stückchen Vliesofix, Papier abziehen, auf dem Augenweiß platzieren und aufnähen.
4. Die Augen ebenso vorbereiten und applizieren.
5. Mit dem Folienstift übertragen Sie die restlichen Konturen auf das Avalon.
6. Legen Sie nun die Folie auf die Froschform und nähen Sie die Linien nach. Das Avalon dann einfach wegreißen.
7. Für die Krone legen Sie das Volumenvlies zwischen Vorder- und Rückseite und umnähen den Rand mit dem dichten Zickzackstich. Stickvlies entfernen und überstehende Fädchen wegschneiden.

Fertig stellen

1. Den angeschnittenen Beleg am unteren Rückenteil 4 cm einschlagen und fest steppen = Untertritt. Damit die Schnittkante sich schön flach in den Frottier legt, haben wir sie mit einem Wabenstich aufgenäht.
2. Eine Hälfte Klettverschluss von rechts mittig auf den Beleg steppen.
3. Den Beleg am oberen Rückenteil ebenfalls 4 cm umschlagen und aufnähen. Hier befestigen Sie die Gegenseite des Klettverschlusses = Übertritt.
4. Beide Teile zusammen kletten und die Belege seitlich aufeinander heften.
5. Legen Sie nun die Froschteile rechts auf rechts zusammen, schieben Sie am Kopf die Krone mit ein und verstürzen Sie die Teile ringsum. Versäubern Sie die Kante mit einem Overlockstich Ihrer Nähmaschine.
6. Nahtzugaben zurückschneiden. An Ecken und engen Rundungen schneiden Sie quer zum Nahtverlauf bis zur Naht ein.
7. Bezug wenden und Kanten ausbügeln.
8. Die Füße mit etwas Füllwatte ausstopfen und die Teilungslinie vom Körper bis zu den Füßen durchsteppen.
9. Dinkelkissen einschieben. Zum Erwärmen in den Backofen, die Mikrowelle oder auf den Heizkörper legen.

Prinzessin

Fertiges Maß 25 cm x 30 cm

Material

- 1 Dinkelkissen ca. 25 cm x 20 cm (Naturkostladen)
- 30 cm x 60 cm Baumwollstoff in Orange
- 30 cm x 20 cm Baumwollstoff in Creme
- 20 cm x 20 cm Baumwollstoff in Gelb
- 30 cm x 10 cm Baumwollstoff in Blau
- Filz in Schwarz , Weiß und Rosé
- 30 cm x 30 cm Volumenvlies
- Etwas Füllwatte
- 5 cm Klettband, 2 cm breit
- Applikationsfuß
- Maschinenstickgarn, Stärke 40, in Schwarz, Orange, Creme, Rot, Gelb, Rosé und Blau
- Stickvlies
- Avalon
- Folienstift
- Passendes Nähgarn
- Vorlage s. Seite 80

Papierschnitt

Fertigen Sie nach der Vorlage von Seite 80 einen Schnitt an.

Zuschneiden

Oberes Rückenteil
1 x Orange
Unteres Rückenteil
1 x Orange
Haare
1 x Orange (und mit Volumenvlies unterlegen)
Pulli
2 x Blau
Krone
2 x Gelb (jeweils mit Volumenvlies unterlegen)
Gesicht
1 x Creme

Augen, Pupillen und Wange in den entsprechenden Farben mit 1 cm Nahtzugabe zuschneiden, an den äußeren Kanten von Haaren, Pulli und Gesicht geben Sie je 1 cm Nahtzugabe zu.

Applizieren

1. Alle Applikationen und Konturen wurden mit einem dichten Zickzackstich gearbeitet, Länge 0,4 mm, die Breite richtet sich nach der Größe des aufzunähenden Teiles.
2. Unterlegen Sie für einen besseren Stofftransport auf jeden Fall immer Stickvlies.
3. Um den plastischen Effekt der Haare zu erzielen, steppen Sie zwei Konturen mit Geradstich auf.
4. Pausen Sie die Linien der Augen und die Gesichtskonturen mit Folienstift auf das Avalon und schneiden Sie das Stück großzügig aus.
5. Platzieren Sie die Vorlage an die entsprechende Stelle und unterlegen Sie den Stoff für die Applikationen.
6. Nähen Sie mit einem kleinen Geradstich (Länge 1,5 mm) sorgfältig über die Kontur.
Bei engen Rundungen empfiehlt es sich, die Nadel im Stoff stecken zu lassen (z.B. mit der Taste »Nadelhoch-/-tiefstellung«) und den Stoff bei angehobenem Nähfuß leicht zu drehen.
7. Folie wegreißen und 1 mm neben der Naht den überstehenden Stoff zurückschneiden.
8. Verschiedene Farbflächen werden nach dem gleichen Prinzip übereinander gearbeitet.
9. Wimpern, Nase, Mund und Kinn einfach durch die Folie nähen.
10. Für die Krone unterlegen Sie je eine Lage Volumenvlies und applizieren die Kronenteile auf die Vorder- bzw. Rückseite bis zur eingezeichneten Markierung.
11. Erst nachdem die beiden Hauptteile verstürzt sind, wird die Krone beendet.

Fertig stellen

1. Den angeschnittenen Beleg am unteren Rückenteil 4 cm einschlagen und fest steppen = Untertritt. Damit die Schnittkante sich schön flach anlegt, haben wir sie mit einem Wabenstich aufgenäht.
2. Eine Hälfte Klettverschluss von rechts mittig auf den Beleg steppen.
3. Den Beleg am oberen Rückenteil ebenfalls 4 cm umschlagen und aufnähen. Hier befestigen Sie die Gegenseite des Klettverschlusses = Übertritt.
4. Beide Teile zusammen kletten und die Belege seitlich heften.
5. Legen Sie nun die Vorder- und Rückseite rechts auf rechts zusammen und verstürzen Sie die Teile ringsum.
6. Nahtzugaben zurückschneiden. An Ecken und engen Rundungen schneiden Sie quer zum Nahtverlauf bis zur Naht ein.
7. Bezug wenden und die Kanten ausbügeln.
8. Krone herausziehen und die verbliebenen Kanten mit dichtem Zickzackstich zusammen nähen.
9. Den Pulli und die Haarspitzen mit etwas Füllwatte ausstopfen.
10. Dinkelkissen einschieben. Zum Erwärmen in den Backofen, die Mikrowelle oder auf den Heizkörper legen.

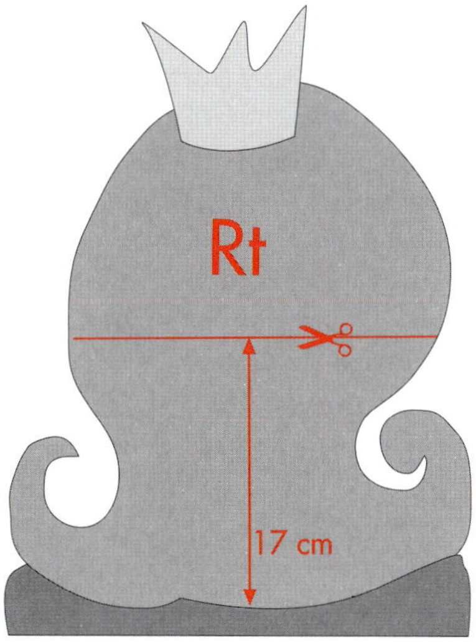

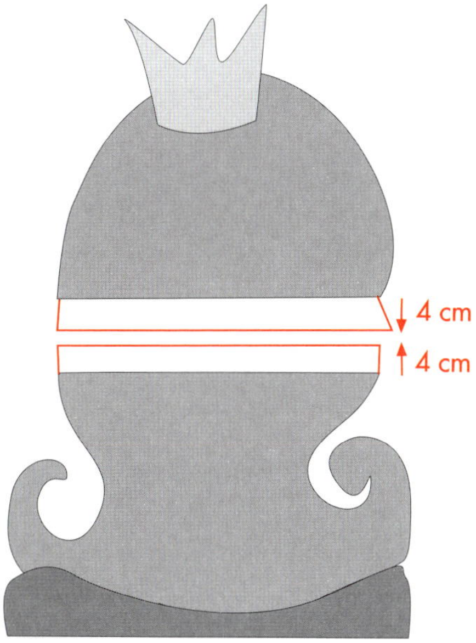

Windlichter mit bestickten Bändern

Für diese reizvollen Windlichter brauchen Sie ein paar alte Konservendosen, Stoffreste und die Lochstickplatte. Dieses raffinierte Zubehör stickt Zierstiche im Kreis und erzielt tolle Effekte. Vergleichen Sie dazu Seite 8.

Material

- 3 leere Konservendosen, evtl. in unterschiedlichen Größen
- Veloursledereste z.B. in Orange und in Weinrot
- Jeansrest
- Schwarze Lederpaspel, ca. 70 cm
- Lochstickplatte
- Stickrahmen für Lochstickerei
- Passendes Maschinenstickgarn, Stärke 40

Weinrotes Lederband

1. Arbeiten Sie die Lochstickereien entsprechend unserer Skizze in den Lederstreifen ein.

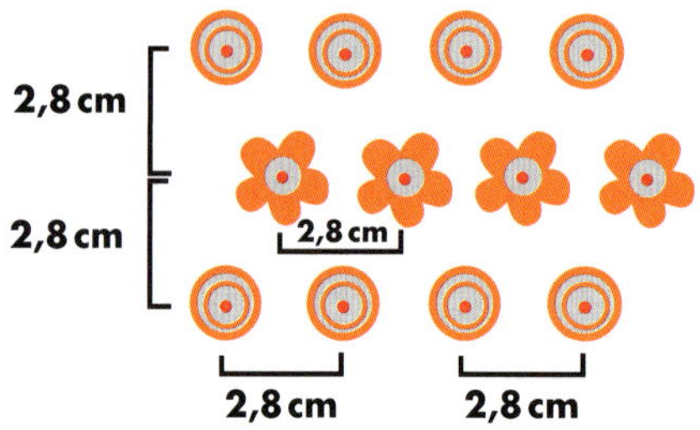

Hier kamen folgende Programme der »creative fantasy« zum Einsatz:

Programm

Nr. 60	Breite 9,0	Dichte 3,0
Nr. 32	Breite äußerer Kreis 3,5	
	Breite innerer Kreis 2,5	

(Taste »Musterumkehr« betätigen!)

Nr. 4	Länge 1,54	Breite 6,0 für den Kantenabschluss

2. Schlagen Sie die Längskanten 1 cm nach links um und nähen Sie mit einem dekorativen Zierstich von rechts darüber.

3. Streifen um die Dose legen, obenliegendes Teil 1 cm einschlagen und von Hand festnähen.

Orangefarbenes Lederband

1. Die kleinen Sternchen stammen aus dem Nutz- und Dekostich-Repertoire der »creative fantasy«. Es handelt sich um die Programme Nr. 12 (Breite 6,0) und Nr. 63 (Breite 9,0, Dichte 2,5).

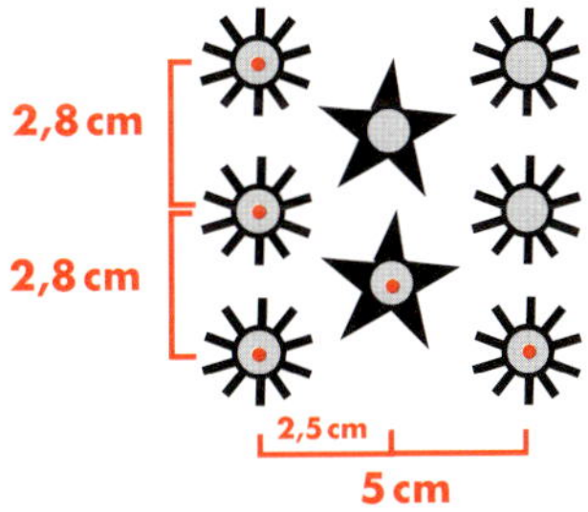

2. Nähen Sie die Lederpaspel an die Längskante des Streifens und steppen Sie von rechts knappkantig darüber.
3. Zum Schluss legen Sie den Streifen um die Dose, schlagen das oben liegende Teil 1 cm ein und nähen das ganze per Hand fest.

Jeansband

1. Besticken Sie den Jeansstreifen in gleicher Weise, z.B. mit dem Zickzackstich Nr. 32 (Breite 2,0) der »creative fantasy«. (Taste »Musterumkehr« betätigen!)
2. Nach dem Besticken fransen Sie die Längskanten 1 cm breit aus.
3. Stoffstreifen um die Dose legen, oben liegendes Teil 1 cm einschlagen und von Hand festnähen.

Kräutersäckchen

Aus Stoffresten und Satinbändern zaubern Sie ganz schnell dieses nostalgische Lavendelkissen.

Fertiges Maß
28 cm x 10,5 cm

Material

- Stoffstück gestreift 11 cm x 23 cm (inkl. 1 cm Nahtzugabe)
- Stoffstück unifarben 24 cm x 23 cm (inkl. 1 cm Nahtzugabe und 3 cm Umschlag)
- 2 m Satinband, 1 cm breit
- Bastreste
- Lavendel oder andere Kräuter zum Füllen

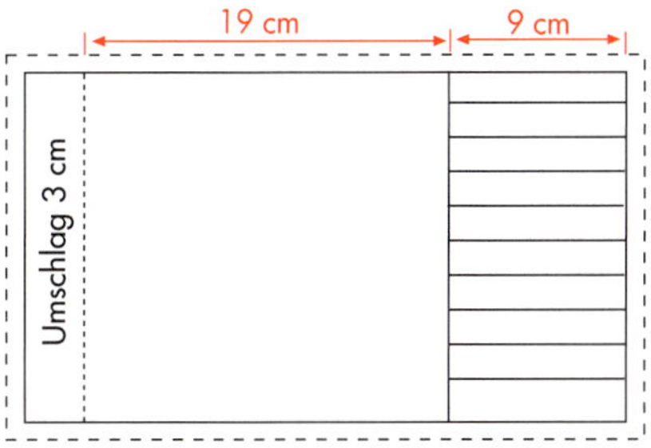

Fertig stellen

1. Nähen Sie beide Stoffstücke gemäß der Skizze zusammen.
2. Steppen Sie das Satinband über die Verbindungsnaht und fortlaufend 4 x im Abstand von 1 cm auf den unifarbenen Stoff auf.
3. Umschlag 1 cm und nochmals 3 cm umbügeln und fest steppen.
4. Stoffstreifen längs zur Hälfte legen und zusammennähen, Nahtzugabe versäubern.
5. Naht und vordere Mitte aufeinanderlegen und die untere Querkante schließen. Nahtzugabe versäubern und das Säckchen wenden.
6. Mit Kräutern füllen und mit dem verbleibenden Satinband und Bast verschließen.

Vasen mit Filzmantel

Holen Sie Ihre alten Vasen aus dem Schrank und stecken Sie sie in ein neues Kleid. Mit Glanzfilz in leuchtenden Farben und Applikationen in afrikanischer Molatechnik schaffen Sie einen außergewöhnlichen Blickfang.

Vase mit Mola-Applikation

Fertiges Maß
31 cm x 38 cm

Material

- Vase oder großes Glas (unsere Vase hat die Maße 31 cm x 25 cm x 38 cm)
- 32 cm x 40 cm Glanzfilz in Grün
- 25 cm x 25 cm Glanzfilz in Orange
- 25 cm x 25 cm Glanzfilz in Braun
- 5 cm x 15 cm Glanzfilz in Grau
- Maschinenstickgarn, Stärke 40, Grün und Braun
- Stickvlies
- Nähgarn in Grün
- Applikationsfuß
- Sublimierkreide
- Transparentpapier
- Dünner Karton
- Bleistift
- Motivanordnung und Vorlagen s. Seite 75

Nähen

1. Damit die Vasenhülle passt, fertigen Sie sich vorher einen Papierschnitt mit den Maßen Ihrer Vase

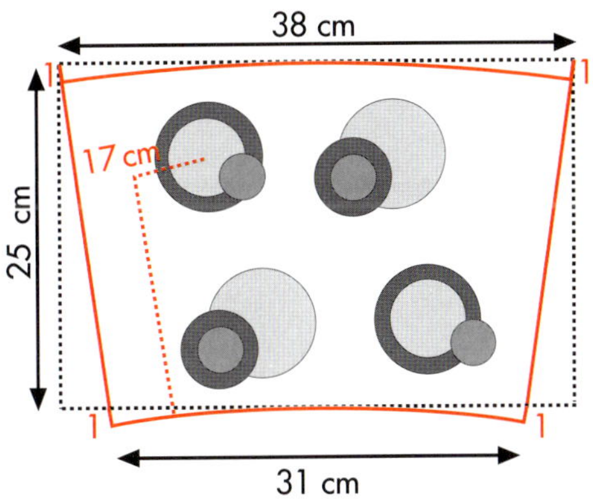

5. Zeichnen Sie die größten Kreise mit Sublimierkreide auf und unterlegen Sie jeweils die entsprechende Filzfarbe.
6. Kante übernähen und die untere Lage bis auf 1,5 cm zurückschneiden.
7. In gleicher Weise arbeiten Sie bis zur grauen Filzlage weiter.

8. Die Filzplatte rechts auf rechts legen und die Naht schließen. Hülle wenden.
9. Die obere Kante vorsichtig anfeuchten und mit den Fingern ausbeulen.
10. Abschließend die Hülle über die Vase stülpen.

an und übertragen diesen auf den Filz (s. Skizze).
2. Beim Fertigen dieser Vasenhülle haben wir uns an die »Mola-Technik« angelehnt. Die Formen werden von der oberen zur unteren Lage hin ausgeschnitten und die Ränder jeweils übernäht. Viele Pfaff Nähmaschinen verfügen über Applikationsstiche, die denen der traditionellen Handarbeit sehr ähnlich sind und den typischen Mola-Charakter unterstreichen.
3. Pausen Sie die Kreise von Seite 75 ab und stellen Sie sich Schablonen aus Karton her.
4. Grünen Filz in der entsprechenden Größe mit 1 cm Nahtzugabe an den seitlichen Kanten zuschneiden.

Vase mit Käfer und Schmetterling

Fertiges Maß 31 cm x 38 cm

Material

- Vase oder großes Glas (25 cm hoch, Umfang ca. 38 cm)
- 32 cm x 40 cm Glanzfilz in Grau
- 25 cm x 25 cm Glanzfilz in Braun
- 25 cm x 25 cm Glanzfilz in Orange
- 15 cm x 15 cm Glanzfilz in Grün
- 2 dünne Stäbchen, je 20 cm lang
- Maschinenstickgarn, Stärke 40, Braun und Grün
- Nähgarn in Grau
- Applikationsfuß
- Zackenschere
- Transparentpapier
- Bleistift
- Bastelkleber
- Vorlage s. Seite 74

Schmetterling und Käfer herstellen

1. Pausen Sie das Motiv von Seite 74 ab.
2. Schneiden Sie die Grundform 2 x aus braunem Filz zu, die Flügel bzw. Rückenteile in Orange.
3. Kleben Sie nun die beiden braunen Lagen mit Bastelkleber zusammen. Seien Sie besonders sorgfältig im Bereich der Fühler.
4. Stickvlies unterlegen und die Flügel bzw. den Rücken aufnähen. Wir haben dafür den Muschelkantenstich aus dem Programm der Pfaff »creative fantasy« verwendet (Stich Nr. 12 Länge 1,0 mm/Breite 2,5 mm). Den Käferkörper steppen Sie mit dem 3-fach Geradstich mittig durch.
5. Stickvlies entfernen und das Stäbchen auf der Rückseite ankleben.

Vasenhülle herstellen

1. Grauen Filz in der entsprechenden Größe mit 1 cm Nahtzugabe an den seitlichen Kanten zuschneiden.
2. Aus grünem Filz schneiden Sie mit der Zackenschere 2,5 cm breite Streifen: 3x 8 cm, 1x 12 cm, 1x 13,5 cm lang.
3. Platzieren Sie die Streifen entsprechend der Skizze und nähen Sie sie mit Geradstich auf. Die kurzen Streifen mittig nähen. Bei den längeren Streifen steppen Sie zwei Nähte im Abstand von 6 mm, um den Tunnel für die Stäbchen zu erhalten.

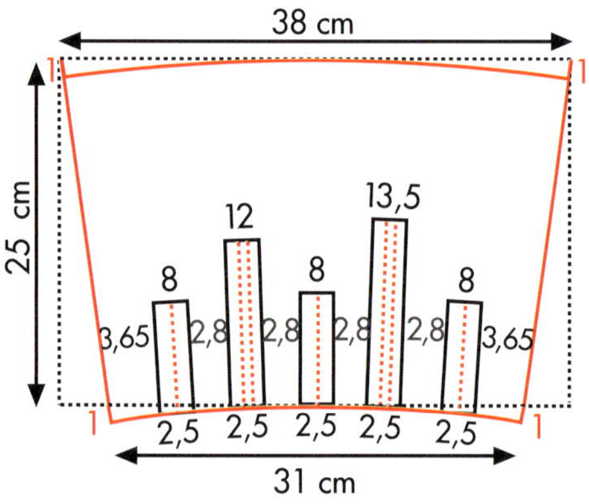

4. Die Filzplatte rechts auf rechts legen und die Naht schließen. Hülle wenden.
5. Die obere Kante vorsichtig anfeuchten und mit den Fingern ausbeulen. Anschließend die Hülle über die Vase stülpen und die Tierstäbchen einschieben.

Vorlagen

Die Vorlagen konnten wir nicht in Originalgröße darstellen. Sie finden jeweils eine %-Angabe in Klammern, mit deren Hilfe Sie die Vorlage am Kopierer auf Originalgröße bringen können.

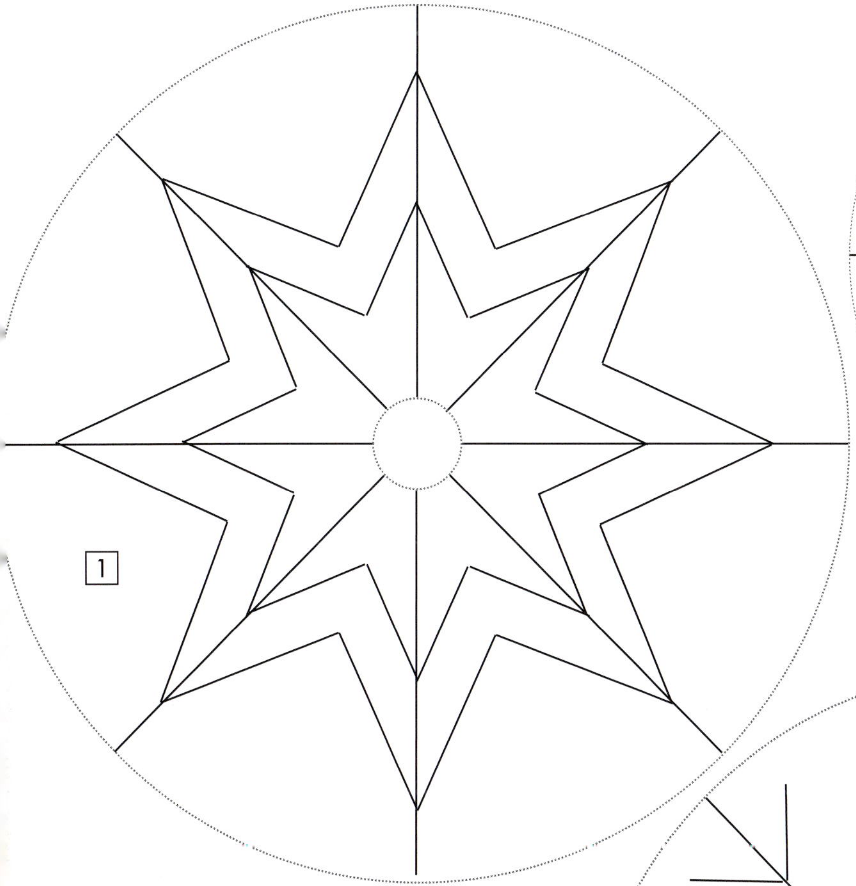

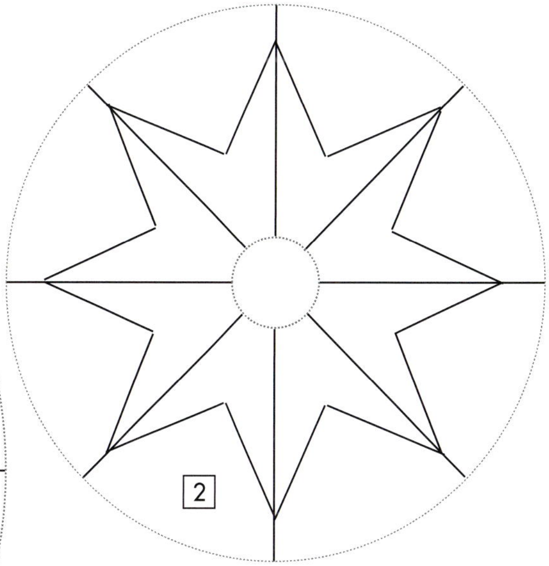

Kuscheldecke mit Kissen
Seite 18
(141 %)

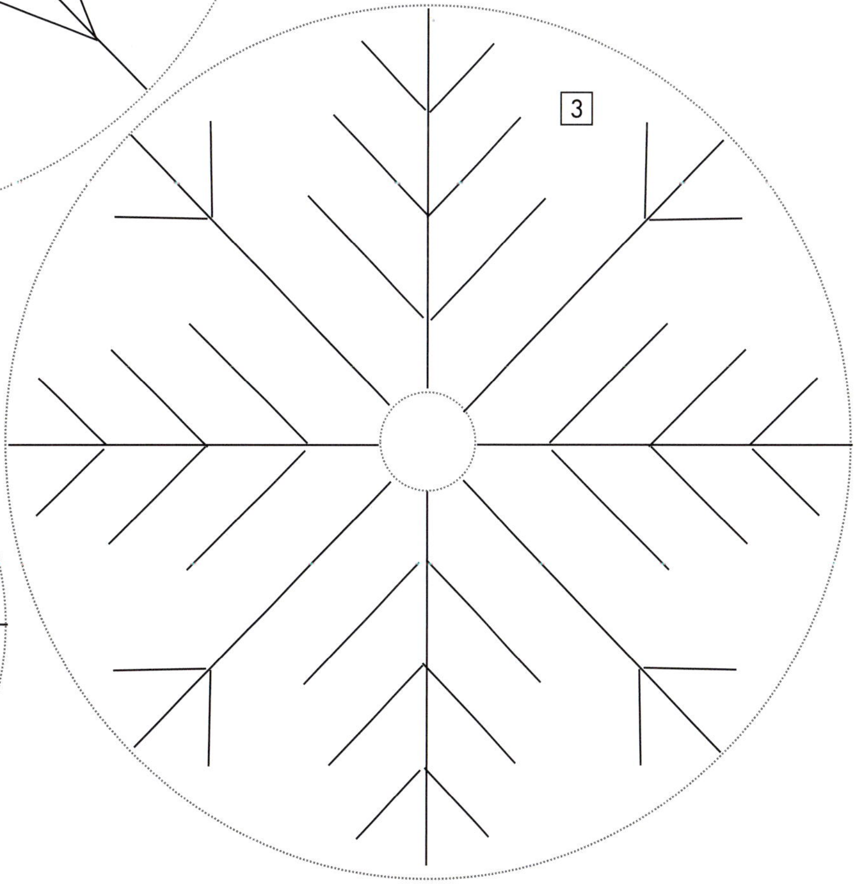

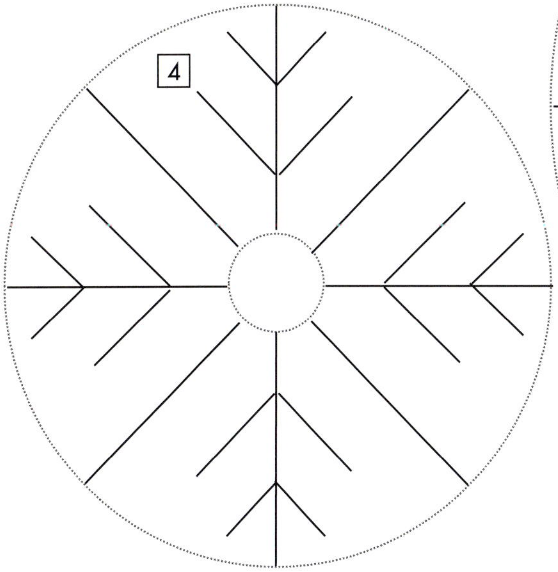

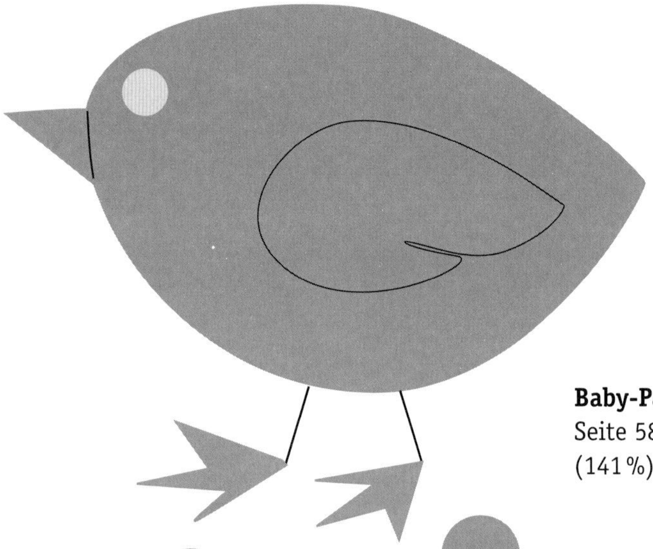

Baby-Patchworkdecke
Seite 58
(141 %)

Vasen mit Filzmantel
Seite 71
(141 %)

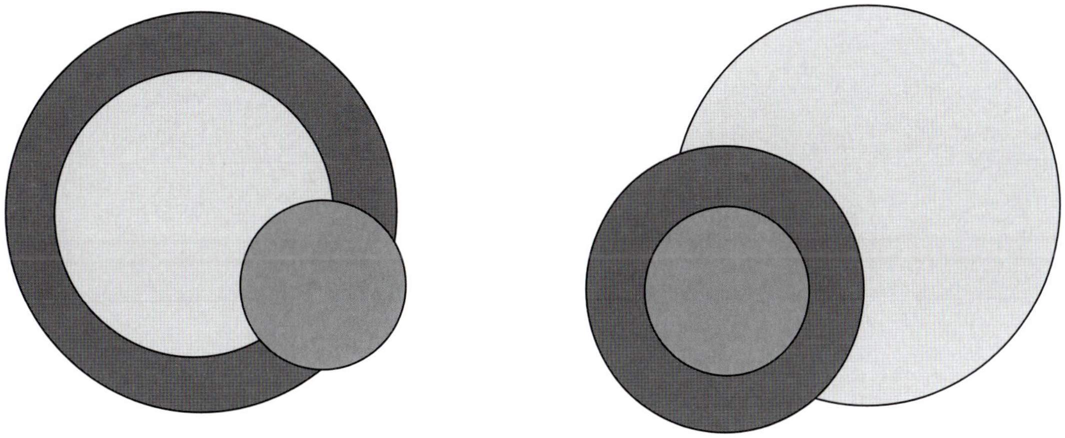

Motivanordnung
Vasen mit Filzmantel
Seite 70
(141 %)

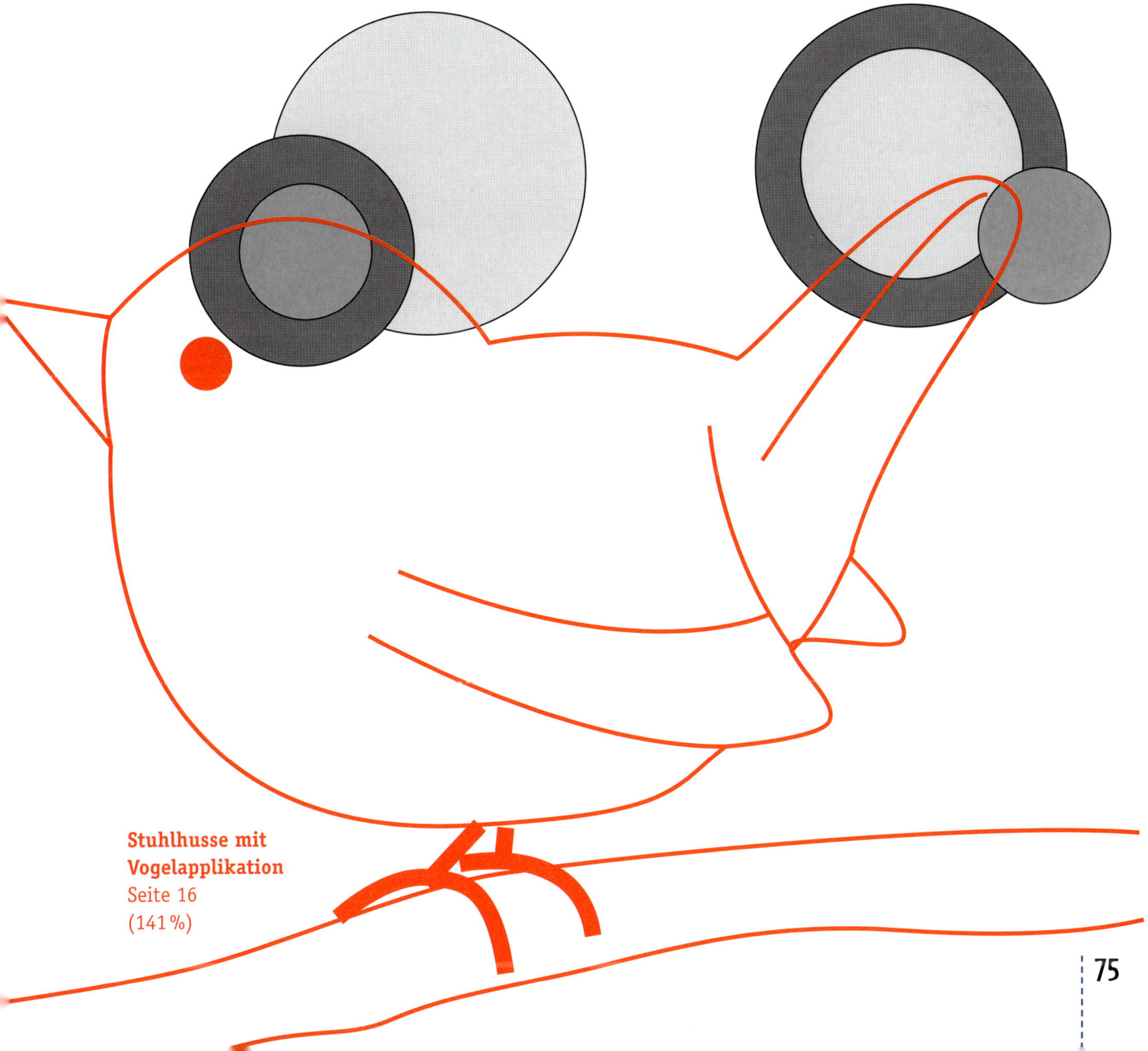

Stuhlhusse mit
Vogelapplikation
Seite 16
(141 %)

Regalvorhang mit Spitzeneinsatz
Seite 50
(141 %)

Kaffeewärmer und Tulpe
Seite 42
(200 %)

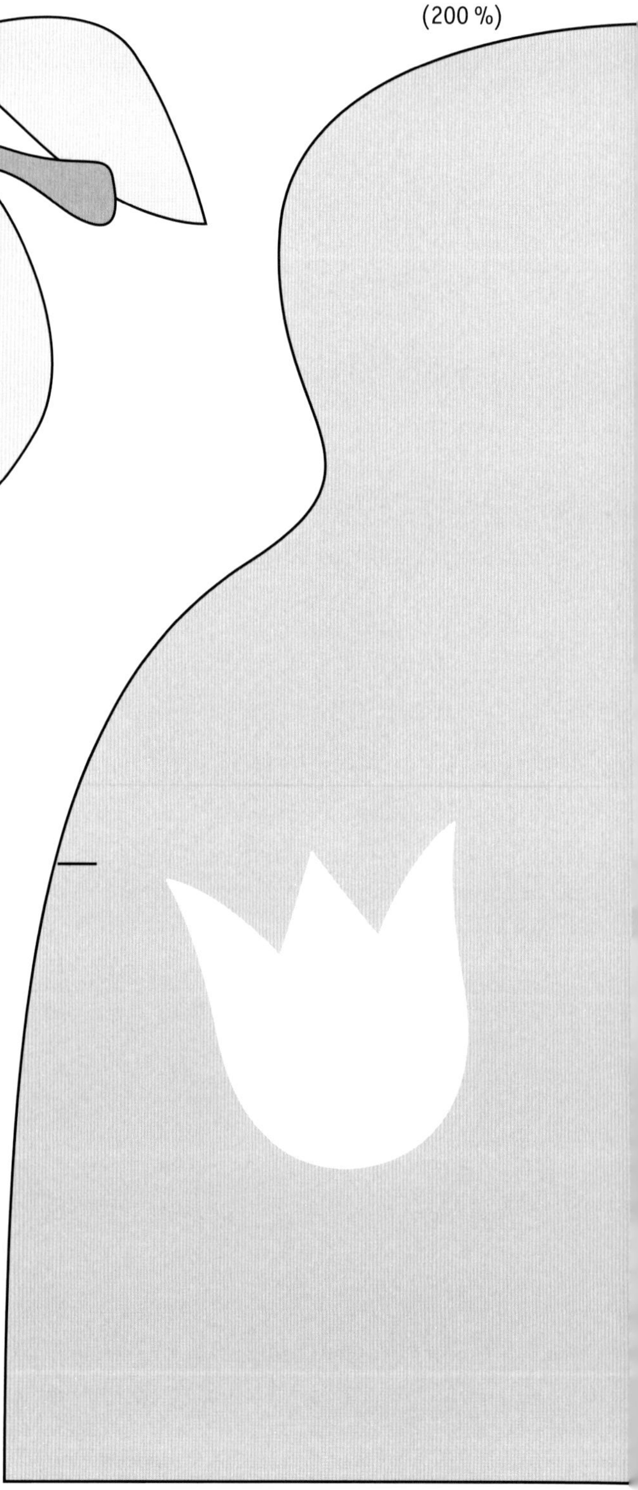

Kleiner Eierwärmer »Hase«
Seite 44
(141 %)

Großer Eierwärmer
»Huhn«
Seite 43
(200 %)

Transparenter
Fensterladen
Seite 46
(200 %)

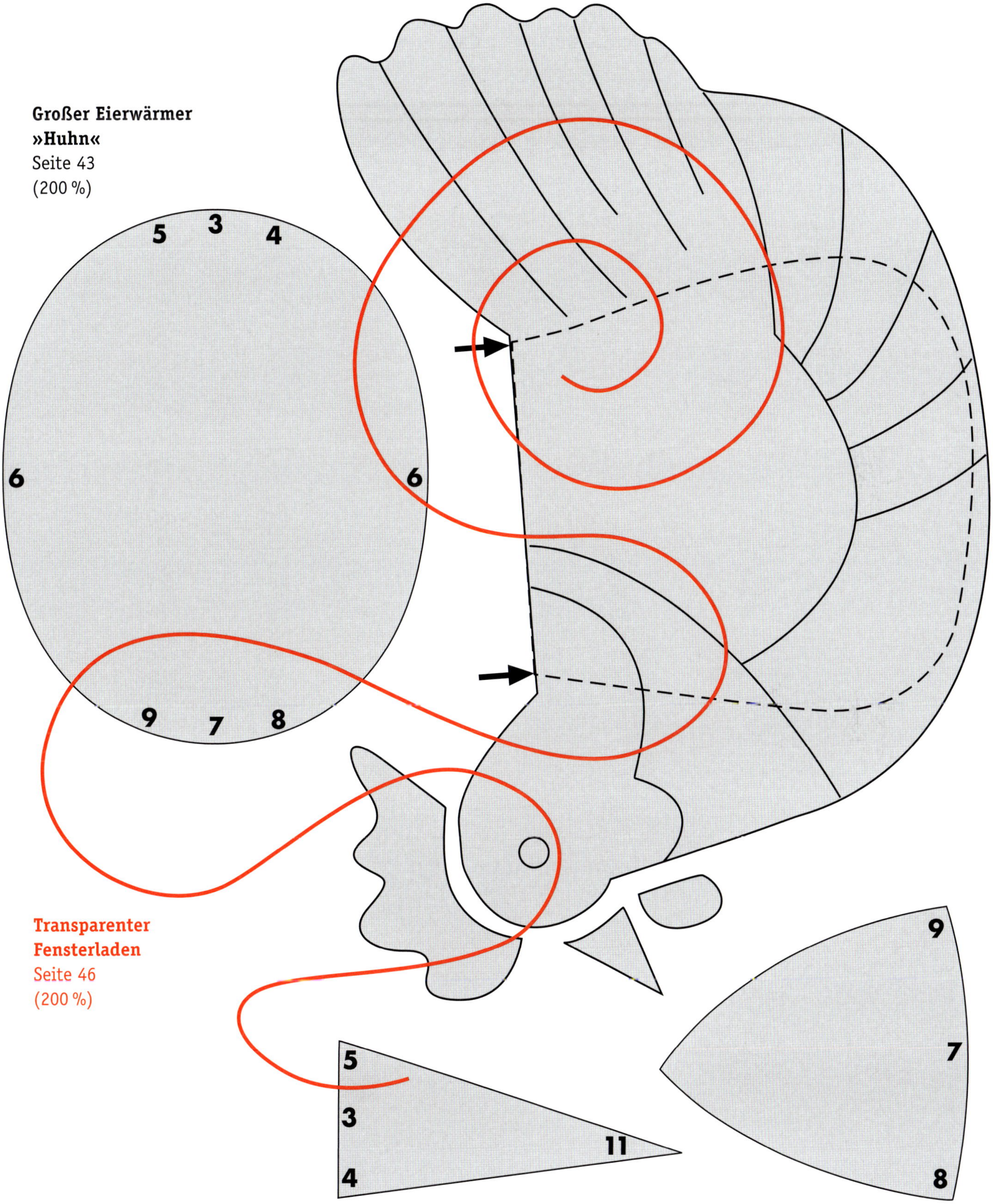

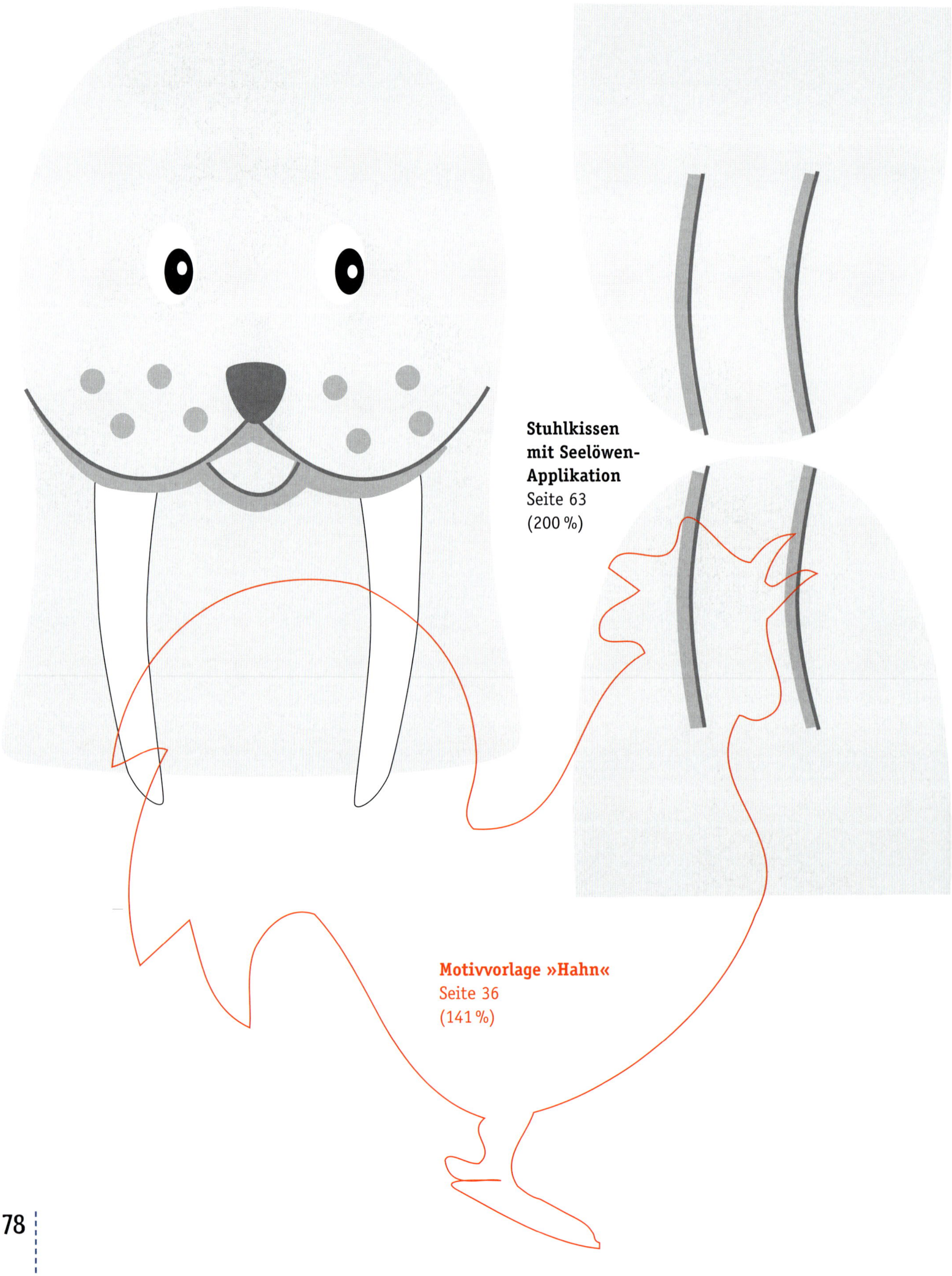

Stuhlkissen mit Seelöwen-Applikation
Seite 63
(200 %)

Motivvorlage »Hahn«
Seite 36
(141 %)

Kindergarderobe
Seite 60
(141 %)

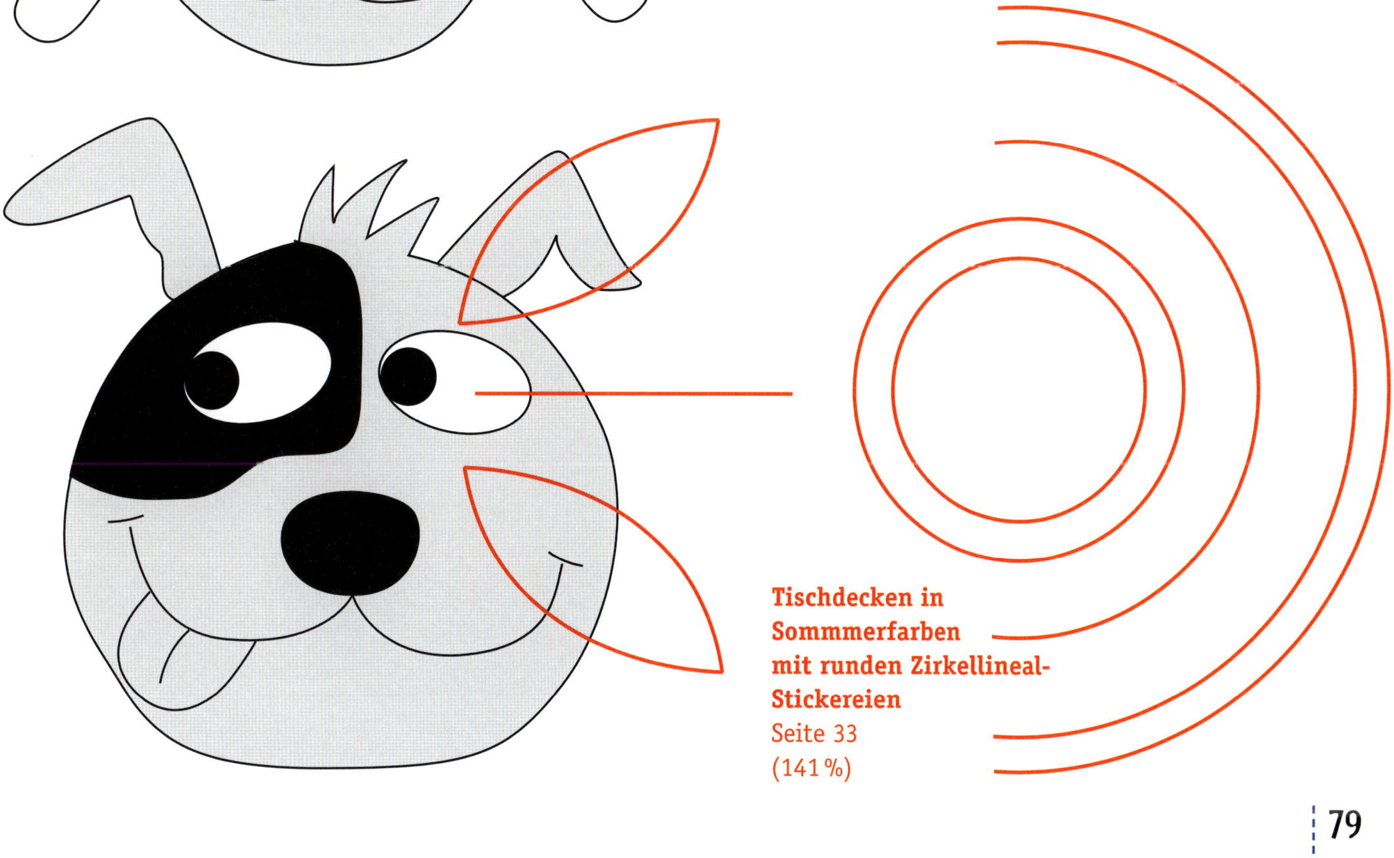

Tischdecken in Sommmerfarben mit runden Zirkellineal-Stickereien
Seite 33
(141 %)

Dinkelkissen
für Kinder
Seite 65
(200 %)